生徒指導・
進路指導・教育相談
テキスト

鈴木康明【編】 *SUZUKI Yasuaki*

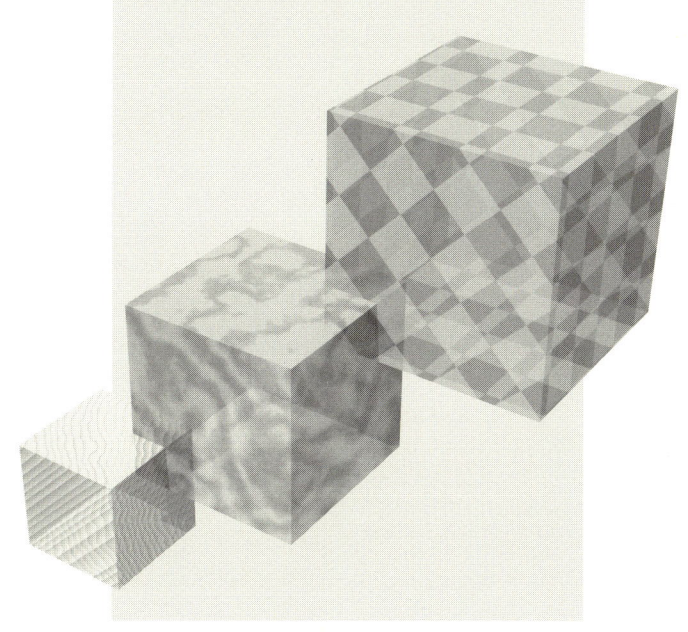

北大路書房

はしがき

　教師は生徒に対してさまざまな指導を展開するが，その活動は，学習指導と生徒指導とに大別される。両者はともに，次の世代を担う生徒へ文化を伝達することと，生徒の人間形成を究極の目的とするが，実際の指導において，比重のかけ方に相違がある。つまり，学習指導は，各教科それぞれの知識や技術の習得（文化伝達）が主であり，生徒指導は，日常生活の指導を通して生徒の人格の完成が中心である。生徒指導は生き方の指導である。それを確実なものとするためには，すべての教師が，すべての生徒に対して，教育のあらゆる場面を通して行うことが大切なのである。

　この了解のもと，教職を志す学生が学ぶ教職専門教育科目として，「生徒指導及び教育相談に関する科目」が登場してきたのである。しかし，生徒指導は，教科の指導以上に，教育作用としての奥行きの深さと幅の広さがあり，学生時代の限られた時間のなかで，その全容を学びきることは，なかなかに難しい。

　いかにすれば，学生が生徒指導の概要を簡潔に理解でき，実践の礎となるか，そのことを念頭にテキストとして編集されたのが本書である。学生が，半期で学ぶことを意識し，新進気鋭の優秀な執筆者にとにかく内容の精選とわかりやすい表現を求めた。本書が，この科目を履修する方々に愛読され，ここでの学びが，これからの生徒指導に貢献できることを願ってやまない。

●再版にあたって

　1981年の「生徒指導の手引」から2010年「生徒指導提要」へ。この30年ぶりの改定が意味するところはなんであろう。

私はそこに，児童生徒だけでなく，彼らを含めた「我々」を取り巻く家庭，地域，そして学校を含む社会状況の，ある意味，負への変化と，そのことに対する「我々」の危機感を見る。

　一つの例として，人間存在のもっと深く根源的な事柄である，「いのち」について考えるとどうだろうか。なぜ，かけがえのない大切ないのちが，ここまで粗雑に扱われるようになってしまったのか。

　生徒指導は，児童生徒のいのちを守り育むことが目的である。だとするとここでもう一度，そのために今なすべきことはなにか，我々なりに考えてみる必要がある。そんな思いから，このたびの加筆修正は始まっている。いろいろ制約あるなかで，ご協力いただいた執筆者ならびに編集の方々に心より感謝申し上げる。

2011年2月　　編者　鈴木康明

目次

はしがき　i

第1章　生徒指導・進路指導・教育相談　1

第1節　生徒指導の概要　1

1　生徒指導とは　1
教育課程／生徒指導／自己指導能力／自己実現

2　課題と内容　4
課題と内容／児童生徒理解／生徒指導／進路指導／教育相談

第2節　生徒指導の原理　5

1　基本的な人間観　6
尊厳ある存在／個別性の重視／発達援助としての指導／統合性の重視

2　目指す人間像　7
善意あふれる人間／品位ある人間／関係性を理解している

3　自己指導能力の育成　8
意味／自由で安全な雰囲気の準備／自発性／自律性／自主性／目標の確立と明確化／自己理解と自己受容

4　集団指導　11
集団の活用／集団の相互作用の尊重／集団の力の利用／人間尊重，友愛と自由の尊重／規律の維持

5　援助，指導の仕方　12
現実の目的／予防的／治療的／開発的

第3節　児童生徒理解　14

1　児童生徒理解の概要　14
必要性／定義／理解の対象と内容／理解の立場／留意点

iii

2 方法 ... 16
観察法／面接法／質問紙法／検査法／その他

● 第2章　生徒指導 ... 19

第1節　生徒指導とは ... 19
1　はじめに ... 19
2　意義と内容 ... 20

第2節　生徒指導の主体と組織 ... 21
1　生徒指導の主体 ... 21
2　生徒指導部 ... 22
生徒指導主事の位置づけ／指導と助言／生徒指導部の活動内容／留意点
3　他の校内組織との連携 ... 26
各学年との連携／進路指導部との連携／教務部・各教科との連携／保健部・スクールカウンセラー・その他の分掌との連携
4　教師の共通理解 ... 29

第3節　さまざまな教育活動を通じての生徒指導 ... 30
1　教科教育（授業）・道徳の時間を通じての生徒指導 ... 30
2　「特別活動」の中での生徒指導 ... 31
学級活動・ホームルーム活動の中での生徒指導／学校行事の中での生徒指導

第4節　家庭・地域との連携 ... 33
1　家庭との連携のあり方 ... 33
家庭との連携の重要性／連携のあり方／問題行動の生徒の保護者／家庭訪問
2　地域との連携のあり方 ... 36
地域との連携の重要性／地域との連携のあり方／学校間の連携／専門機関との連携／地域住民との連携／児童生徒の地域社会

の諸活動への参加

第5節 問題行動への理解とその対応 ... 41
  1 問題行動とは何か ... 41
  2 問題行動の分類 ... 42
    反社会的行動／非社会的行動
  3 問題行動の早期発見 ... 43
    早期発見の重要性／反社会的行動の兆候／非社会的行動に結びつきやすい児童生徒の変化

第3章　進路指導 ... 47

第1節 進路指導とは ... 47
  1 意味と意義 ... 47
  2 目　標 ... 50
  3 教育相談との関連 ... 51

第2節 内容と領域 ... 52
  1 内　容 ... 52
  2 領　域 ... 53
    教員の生徒理解と生徒の自己理解／進路情報の提示／啓発的経験／相談活動／進路に関する具体的，実践的な援助／追指導

第3節 組織と計画 ... 63
  1 学校における基本図式 ... 63
  2 進路指導担当部門の役割 ... 64
    計画立案／管理運営／調整／プログラム遂行の現場監督／各種調査
  3 計画的対応 ... 67

第4節 進め方 ... 68

		1	指導計画	68
		2	進路学習	72
		3	進路相談	73
			機会別／内容別／相談の基礎となる理論別	
	第5節	今日的課題		76
		1	高等学校における進路指導の実態調査から	76
		2	生きがいと将来展望について	80
		3	予防・開発的指導としてのキャリア教育	82

第4章　教育相談　　87

第1節　教育相談とは　　87

1　はじめに　　87
2　「生徒指導提要」　　88
3　学校における教育相談の利点と欠点　　89

第2節　教育相談体制の構築　　90

1　教育相談の体制づくり　　90
2　教育相談の組織づくり　　91
　　編成／計画／研修／評価

第3節　教育相談の進め方　　98

1　教育相談の対象と場面　　98
2　担任（学級担任・ホームルーム担任）の教育相談活動　　100
　　問題解決／問題の未然防止／教育相談を新しい発想で学級運営に取り入れる／保護者とのかかわり
3　教育相談担当教員の教育相談活動　　109
　　担任のサポート／校内への教育相談に関する情報発信／校内外で人と人をつなぐ／緊急支援のコーディネート／教育相談に関

　　　　する校内研修の企画運営／教育相談に関する調査の推進

　　4　養護教諭の教育相談活動　　　　　　　　　　　　　111
　　5　管理職の教育相談活動　　　　　　　　　　　　　　112
　　　　教員のサポート／管理職ならではの児童生徒の支援／保護者対応／地域への啓発

第4節　スクールカウンセラー，専門機関等との連携　　　114

　　1　連携とは1＋1を3以上にすること　　　　　　　　114
　　2　スクールカウンセラーとの連携　　　　　　　　　　114
　　3　スクールソーシャルワーカーとの連携　　　　　　　115
　　4　専門機関との連携　　　　　　　　　　　　　　　　116

第5節　教育相談の限界　　　　　　　　　　　　　　　　118
　　　　教員であること／教育相談の知識／教育相談体制の問題／学校の閉鎖性／集団教育

　　　　　　　　　　　　　　　　　　　　　　索　引　123

第1章 生徒指導・進路指導・教育相談

● 第1節 **生徒指導の概要**

1 生徒指導とは

■教育課程

　児童生徒は，家庭における教育を基礎に，地域や社会教育，そして学校教育を通し，一人の個として自らの人生を歩んでいくために必要な力をつけていく。児童生徒に人間としての成長をもたらすこれらの教育は，それぞれが単独で機能することもあるが，多くは連動，連携しあう関係にある。そのうちの学校教育は，他の二つと比べ，教育の専門家が，学校という場を中心に科学的，組織的に展開すること，また，児童生徒からなる集団を対象とする点に特徴がある。

　その学校教育の根幹をなすものが教育課程である。文部科学省は

2010年の『生徒指導提要』(以下,『提要』と記す)のなかで,「教育課程は,教育の目標を達成するために,国の定める教育基本法や学校教育法その他の法令及び学習指導要領や教育委員会で定める規則などの示すところに従って,学校において編成される教育計画のこと」と述べている。そして具体的に,小学校では,各教科,道徳,外国語活動,総合的な学習の時間,特別活動を,中学校では,各教科,道徳,総合的な学習の時間,特別活動を,高等学校では,各教科に属する科目,総合的な時間,特別活動を挙げている。

■生徒指導

文部省(現,文部科学省)は,1981年の『生徒指導の手引』(以下,『手引』と記す)のなかで,生徒指導の目的を次のように述べている。「生徒指導とは,積極的にすべての生徒のそれぞれの人格のより良き発達を目指すとともに,学校生活が,生徒の一人一人にとっても,また学級や学年,さらに学校全体といった様々な集団にとっても,有意義にかつ興味深く,充実したものになるようにすることを目指す」指導であり,「それぞれの生徒の人格の,より正常な,より健康な発達の助成のために必要な教育活動」と位置づけている。

そして2010年の『提要』では,これまでの『手引』に重ねて,「一人一人の児童生徒の人格を尊重し,個性の伸長を図りながら,社会的資質や行動力を高めることを目指して行われる教育活動」としたうえで,「すべての児童生徒のそれぞれの人格のよりよき発達を目指すとともに,学校生活がすべての児童生徒にとって有意義で興味深く,充実したものになることを目指す」と,これまでの内容を繰り返している。

つまり,生徒指導とは,児童生徒一人一人の人格の完成と人間形成に包括的にかかわることで,児童生徒の生きていく力を開発し育成する教育のことである。それを教育課程における活動と,教育課程には含まれてはいないが大切な教育活動である進路指導,教育相談などを通して展

開していくのである。

　前述したように，学校教育の核は教育課程における教育活動にあることは間違いない。しかし，生徒指導が成果を上げることにより，教育課程における各教育活動も，それぞれが掲げる教育目標の達成に近づけることから，生徒指導と教育課程は密接不可分の関係にあり，両者は学校教育を支える両輪といえる。

■自己指導能力
　さて『提要』では生徒指導の意義は，「教育課程の内外において一人一人の児童生徒の健全な成長を促し，児童生徒自らが現在及び将来における自己実現を図っていくための自己指導能力の育成」にあるとする。
　ここでいう自己指導能力については佐藤（1986）の，「個人が独立した人間として，主体的に問題や課題を発見し，自律的により適切な解決法を選択し，責任をもってそれを処理できる能力」とのとらえ方が理解しやすい。これを坂本（1990）は，「その時，その場で，どのような行動が適切か，自分で考えて，決めて，実行する能力」とわかりやすく説明し，さらに，どのような行動が適切かについても，「行動の適切性を決める基準は，他者の主体性の尊重と自己実現にある。つまり，いかに他者のためにも，また自分のためにもなるという行動を自分で考えること」と具体的にまとめている。
　生徒指導は，社会における現象と，無関係にはありえない。だとすると，このような，自己決定や他者とのかかわりを重視する考え方が，生徒指導の枠組みの一つとして存在するということは，それだけ現状の社会が，それらに関して心もとない状況にある証と考えてよいであろう。
　人はかかわりの生き物であり，単独で存在することはむずかしい。そのことを児童生徒に，いかに実感に基づいた理解をしてもらうか，つまり，知的にわかるだけでなく，情緒的にも気がついてもらうためにどうしたらよいのか，これは生徒指導のみならず，広く学校教育全体に寄せ

られている課題の一つである。

■自己実現

われわれは民主主義を基礎とする社会で生きており，それは，個人が自らのうちに存在するあらゆる可能性を，自律的に最大限実現し，本来のあるべき自分自身に向かって生きることを目指すことができるということなのである。自己指導能力は，それを推進する原動力となるものであり，この能力の育成には，それぞれの発達段階に応じた適切な指導と援助が大切である。とりわけ，自我意識が形成途上にある児童生徒に対するものは重要である。

2 課題と内容

■課題と内容

原野（1993）は，生徒指導は，人格の完成と，人間形成という目的に向かい，①社会的生活適応能力を養う指導，②自己実現をはかれる資質を養う指導と援助，③望ましい対人関係をつくれる指導の三点の課題を持つとする。これまで生徒指導は，進路指導，教育相談と連携し，それらに対処してきており，実践をとおして得られた具体的な内容は，次の通りである。

■児童生徒理解

児童生徒を個人として理解することは，生徒指導だけではなく，学校教育全体における基本的了解事項である。理解が必要な領域は，①能力の問題，②性格的な特徴，③興味，④要求，⑤悩み，⑥交友関係，⑦環境条件である。

■生徒指導

　生徒指導は，あらゆる教育活動の機会を通し，すべての児童生徒を対象に展開するため，内容は多岐にわたるが，江川（2000）は，指導の観点から次に分類，整理している。それは，①学業に関する指導，②進路に関する指導，③個人の生活や行動など個人的適応に関する指導，④対人関係および集団生活への適応など社会的資質の育成に関する指導，⑤余暇活動に関する指導，⑥健康と安全に関する指導の六点である。

■進路指導

　生徒指導のうちの進路に関するもので，計画的，継続的，総合的に行われる。活動内容は，①教師の児童生徒理解と児童生徒の自己理解，②進路情報の提示，③啓発的経験，④相談活動，⑤進路に関する具体的，実践的な援助の五点である。

■教育相談

　教育相談も生徒指導に含まれ，活動内容として次の六つが挙げられる。①学校教育に必要な資料を収集するための児童生徒理解の業務，②集団活動，対人関係，学習行動を通し，望ましい人間関係を図る，③児童生徒の個人的問題の解決，助言，援助，指導，④資質や適性の理解を図り，将来直面する生活への適応援助，助言を行う，⑤問題が起きぬよう予防的，開発的指導，相談を行う，⑥保護者，教師などに児童生徒に関するコンサルテーションを行う。

第2節　生徒指導の原理

　近代の我が国を例に挙げるまでもなく，教育の規範は，政治や文化などの違いにより，たとえ一つの国であっても，常に同じということでは

ない。それでは、現在われわれは、どのような人間の育成を目指しているのだろうか。『手引』と『提要』は、児童生徒のみならず、われわれが生活している社会の現象と、そこから考えられる課題から、望ましい人間像を掲げているわけだが、それは、民主主義国家に生きるわれわれが身につけなければならない世間智（生きていくために必要な知恵）のことでもある。

1 基本的な人間観

■尊厳ある存在

人間は一人一人がかけがえのない存在であり、また、存在そのものが尊い。この、人間の尊厳における平等感に支えられて初めて、児童生徒の内包する自己実現欲求への期待と信頼を寄せることができる。

■個別性の重視

一人一人の児童生徒は、独自の個性を持つ、徹底的に個別的存在であることを理解することが必要である。この視点なしに、それぞれの児童生徒の個性伸長を目指すことは困難である。

■発達援助としての指導

児童生徒は発達の過程にあり、その発達は自己実現への要求により進行する。そこで教師は、第一に児童生徒の発達に信頼を寄せることが大切であり、教師中心の画一的かつ一方的な指導を展開してはならない。そのような指導は、自発性、自律性、自主性の形成を阻害し、受動的な性格形成をもたらすおそれがある。

■統合性の重視

　自己実現を推進する原動力である自己指導能力は，統合的かつ総合的な力である。そこで，児童生徒のあらゆる側面を対象に，すべての教育活動と連携し，児童生徒を全体としてとらえかかわることが必要となる。

2　目指す人間像

■善意あふれる人間

　まず身近な人間関係の中で，他者を無視せず，自然にその様子や状況を気にかけることができる。そして，ことさら困難な状況にある人には，献身的にかかわる思いやりと具体的な援助行動が必要であるということに気づいている。

　このような善意あふれる人間には，苦悩する者の救済への責任感と，不条理についての怒りがあり，それは，人間に対する好意的で肯定的な見方と，社会全体の幸福への強い関心と自負から成り立っている。

■品位ある人間

　人間とは，文化や宗教，経済，能力，性別，さらには病気や障害の有無などで区別することに意味がない，本質的に，同じ存在意義を持つ生き物だということに気づいている。

　そしてこのような品位ある人間は，一人一人に違いがあるとすれば，そのことこそ尊い意味あるものだということにも気づいている。

　また品位ある人間とは，正しいこととそうでないことを見分けることのできる人間でもある。その上で，自らの信念を守り，人間に本来備わっている人格的価値を維持するためには，大勢に抗うこともおそれない。

■関係性を理解している

人間の関係は，力で測ることはできないだけでなく，そもそも測ろうとすること自体に意味がないということに気づいている。

このような人間は，他者を思いやる力としての，豊かな想像力と創造性を持っている。なにより彼らは，素直な自尊感情を持ち，他者に依存せず，自立した個人として存在しているのである。

3 自己指導能力の育成

■意 味

生徒指導の人間観では，人間とは，自覚的な存在として自主的に自己の人生目標を選択し，設定し，追求していくものであると理解している。児童生徒はこれを，環境との主体的相互作用の経験から現実化するが，実は，この環境とのやりとりこそが，自己指導能力の育成過程にほかならない。

■自由で安全な雰囲気の準備

主体性は，自由で安全な雰囲気のもとで発揮されるのであり，その保障がないところでの育成は根本的にありえない。そこで教師は，最大限の努力をはらい，自由で安全な環境の整備を心がけるが，児童生徒は，身体的にも心理的にも発達途上にある。だとすると，ここでの自由とは，児童生徒の発達レベルに応じた条件つきのものであり，まったくの自由ではないと考えてよい。かえって，発達の度合いを無視した不適切な自由は，育成を阻害するおそれがある。

■自発性

自発性は，心理学でいう衝動性と同義であり，外部からの刺激に依存

せず，自身が行動の原因となることである。これは，生命力や活力の充実している証ともいえ，児童生徒が自分の内的な世界で生じていることを素直に表現している点から，自己指導能力育成の大切な柱であると考える。そこで教師は，児童生徒の自発性が発揮されるためには，内外の抑制力が機能しないことが条件であることを自覚し，その具体的教育環境を整えなければならない。

■自律性

自律性は，ある目的に従い，自己の行動を規制する力のことである。人間が社会的な存在である以上，自らの幸福と同じく，他者がそれを実現することにも共感的に関与することが必要であり，それをなしとげる中心的な力が自律性である。教師は，この育成には，他律性の内在化による自己統制の側面があること，それを確実なものとするためには，他律的なしつけによる行動の抑制は，徐々に規制を緩めていく過程を持つこと，また，児童生徒との親和的な関係が基本であることを理解しなければならない。

■自主性

自己の正しい自由意志により決断し行動すること（自主性）も，自己実現の必須条件である。もちろん，他者との相互依存が不可欠な現代では，その完璧な遂行はむずかしく，あくまでも可能な範囲内との限定はあるが，大切な自己の権利や義務について，すすんで自己表現をし，実行する。また，行動の結果についての自己評価や目標に合致するよう自己を統制することはしなければならない。教師は，この自主性は，児童生徒間だけでなく対教師においても，相互に尊敬しあう関係を基調に育成されるということを理解し，その充実につとめることが必要である。

■目標の確立と明確化

　自己指導能力の育成には，児童生徒自らの努力が大切である。児童生徒は，到達目標が明確であり，どのような行動をとれば目標に近づけるか，現在の自分と目標との距離はどの程度かなど，追求する課題を具体的に理解できた時，主体的に活動する。そのために教師は，児童生徒と話し合い，できるだけ児童生徒の実際の生活に関連することがらから課題を設定することが必要である。

　ただし，児童生徒にとって抽象的かつ高邁な目標がまったく無意味ということではない。たとえば，鈴木（1999, 2001）が主張する「生と死から学ぶいのちの教育（death and grief education）」のように，生命や生きる意味についての問いかけをすることで，究極的な目的である自己実現に向け，なすべきことや形成すべき態度についての基本的姿勢を確認することにつながることがある。

■自己理解と自己受容

　自己指導能力の育成においては，児童生徒の自己理解も大切である。なぜなら自己理解とは，児童生徒が自己のあるがままの姿を正確に理解することであり，これがなされて初めて，目標とのズレや距離が把握できるからである。その上で児童生徒は，自己の課題を認識し，さらにはそれを克服する努力をするのである。しかし，自己の現状を正しく理解することは容易ではない。われわれは，自我の防衛機制を働かせることで，自らをありのままに認めることをむずかしくし，結果的に，自分の課題を改善克服するのを先送りしてしまう。となると自己理解とは，まず自らを受けとめること，つまり自己受容に始まるものといってよいだろう。

　この，児童生徒の自己受容の態度は，それを指導する教師が，児童生徒のありのままを受け入れることで可能となるのである。教師が児童生徒を受容するためには，どうしたらよいか，それには教師自身が自己受

容できていることが大切である。

4　集団指導

■集団の活用

　生徒指導は，自己指導能力の育成という人間の個別性に焦点化した教育活動であり，方法として，個人指導と集団指導の二つがある。両者は対立するものではなく，相互に関連し，補完しながら展開する。その際，個別指導が，どちらかというと児童生徒の内面に治療的にかかわることが多いのに対し，集団指導は，集団の特質に注目し，集団とそれを形成する個人への開発的，予防的関与が中心となる。このことについて『提要』は，「集団指導と個別指導については，集団指導を通して個を育成し，個の成長が集団を発展させるという相互作用により，児童生徒の力を最大限に伸ばすことができる」と述べている。

　『手引』を参考に集団指導の原理をまとめると次の四つになる。

■集団の相互作用の尊重

　児童生徒の集団に対する所属感や連帯感を高め，児童生徒間に相互理解，さらには相互尊敬の態度を育成することを目指す。このような相互作用が機能するためには，民主的な雰囲気のもと，児童生徒全体が関心を持ち，なおかつ達成に切実さが感じられる主題設定が望ましい。

■集団の力の利用

　集団指導で教師は，それぞれの児童生徒の個性や発達上の課題などを把握し，設定された目標の達成に，一人一人が個性を発揮することで集団に寄与できるよう努める。また，集団の発達と児童生徒の発達も相互に作用しあうことを理解し，活動目標と児童生徒たちの実態は整合して

いるか，目標達成に一手段として強制力を発揮することはどうか，リーダーの指導力をどう統制するかなど，集団指導におけるさまざまな課題を前向きに活用することを心がける。

■人間尊重，友愛と自由の尊重
　人間として平等な立場で相互に理解し，尊重し，作用しあうことを重視する。一部の児童生徒の専制や利己主義につながるものは，どのような大義名分であろうとふさわしくない。また，ここでの平等な立場とは，個人間だけでなく，集団同士でも同様であることはいうまでもない。

■規律の維持
　集団における教育活動は，成員に対するある程度の規則は必要であり，これを守ることが自主的活動の基盤となることを理解しなければならない。つまり，規律を守ることがもたらす集団の維持と安定感が，個性的な社会的自己実現の主題に大きく関与するということである。

5　援助，指導の仕方

■現実の目的
　これまで述べてきたように，生徒指導の究極の目標は，自己指導能力の育成にある。ただし，「具体的な目標や指導方法については，生徒の年齢や特性などによって一様ではない。しかし，具体的目標をどこに置くかによって，指導形態は，予防的，治療的，開発的生徒指導に大別できる」（高橋，1997）。

■予防的
　児童生徒は，児童期，青年期の前期中期におり，感受性や同一性の課

題など自我発達との関係から，多様な問題傾向が生じがちである。その問題が，自己指導能力の育成に阻害要因とならないよう，また，自己実現できる人間を目指す生徒指導の人間観から逸脱しないよう，未然に指導，援助することである。実際には，校則など集団における決定事項を遵守することを求める指導が多い。なお，広義では性教育や安全教育，健康教育などもここに含まれる。

■治療的

　問題の解決について，問題そのものの解決を助ける援助と，児童生徒自身が問題解決できるような能力を育成する援助とに大別できるが，自己指導力育成の観点からは，後者の指導，援助が望ましい。しかし，多様な問題が渦巻く学校の現状を考えると，現実的には，罰や懲戒による問題行動の改善をもって，治療的とすることが多い。

■開発的

　児童生徒の個性の伸長や望ましい人間関係の形成を促進し，同時に，問題解決能力としての自己指導能力の育成を目指す。本来の生徒指導のあるべき姿だが，単独で行われるというより，予防的，治療的なものと重層的にかかわり合いながら展開することが多い。

第3節　児童生徒理解

1　児童生徒理解の概要

■必要性

　繰り返し述べてきたように，生徒指導の究極的なねらいは，児童生徒一人一人の人格の形成，すなわち，自己指導能力の育成にある。そこで，個として独自な存在である児童生徒のそれをなすためには，まず，それぞれの特徴や傾向を把握し理解することが必要である。現在われわれの志向する生徒指導は，人間の自己形成力を認めているのであり，それならなおさら，児童生徒の独自性を理解した上での適切なかかわりが要求される。

　さらに，生徒指導の実際は，集団的な場面が少なくなく，そこから集団の構造や性格，さらには，集団特有の問題についての理解も，児童生徒理解のことがらに含めて考えることが必要となる。

■定　義

　さて，江川（2000）は，これまで行われてきた児童生徒理解に時間展望の視点を加味した，「生徒理解とは，生徒について，過去から現在までの特徴・傾向を把握するとともに，その後の行動や将来の様子を予想してみること」と定義する。そして，前者を診断的理解，後者を予測的理解とする。

■理解の対象と内容

　児童生徒理解の対象は広範囲におよぶが，とくに大切と考えるものは，次の通りである。

①能力の問題

身体的能力，知能，学力などであり，学校生活をなめらかに過ごす基本条件である。とくに知能，学力など知的能力は，その児童生徒にみあった学業の程度や，進路指導との関連，学業の不適応により生じる問題や行動の予測につながることから，児童生徒理解の重点事項である。

②性格的な特徴

禁止や処罰が有効か，それとも励ましが必要なのかなど，指導の方法を示唆するだけでなく，問題の診断やさらには予測にも役立つ。

③興味，要求，悩み

これらはいずれも生徒の生活や問題に直結することがであり，行動の理解，指導方法の点から極めて大切な理解事項である。

④交友関係，環境条件

児童生徒がどのような環境のなかで生活しているか，友人関係の様子や家庭での人間関係，さらには経済状況，趣味，関心などを理解する。

■理解の立場

まず，客観性が大切である。それには，できるかぎり科学的な方法を用いるのは当然として，教師も自らの態度を振り返ること，つまり教師が自分のステレオタイプ的見方やさらには偏見を理解しておくことが肝要である。

さらに，得られた資料の扱いについても注意が必要である。あくまでも，原因と経過と問題について，発生的な原因解明の立場で解釈することが必要なのである。

■留意点

児童生徒の人間像や個性を客観的に理解するのは，適切な指導方針を立てるためである。その際次の点に留意しなければならない。

①**教師の自己理解の必要性**

前述したように，教師が人間関係や人間理解における癖，つまり自らの心的偏りを理解しておくことである。

②**情報の確認**

資料は多面的かつ多角的なものを用いる。一部からすべてを断定することは避けねばならない。

③**検査結果を過信しない**

たとえばテストなどの信頼性や妥当性の限界について理解しておく。

④**共感的な態度**

児童生徒がどのように感じ，考えているのかを，たとえば，仮に自分であったらどうなのだろうかという姿勢で接することである。診断的，評価的態度は禁物である。

2　方　法

児童生徒理解のために必要な資料を得る，科学的，客観的な方法は次が代表的である。

■**観察法**

記録の仕方から二つに分けられる。

①**叙述的観察記録法**

行動の特徴や状況を自然に観察し，叙述的に記録する。客観性を高めるためには，計画的に行うことが大切である。

②**組織的観察記録法**

時間見本法や品等尺度法など，観察の客観性を高めるために組織的な方法を用いる。

■面接法

質問に対する反応や作業の様子を観察する方法である。

①調査面接法

質問紙法を面接で行う。

②相談面接法

教育相談における個人面接に該当する。

③集団面接法

教師と児童生徒集団によるものであり，集団の相互作用が効果的に機能することが多い。

■質問紙法

知りたい問題を質問の形にして，それの回答を求める。自由記述，○×式，はい・いいえ式などがある。

■検査法

知能検査，学力検査，性格検査，適性検査など各種あり，基本的に標準化されたものを用いる。

■その他

日記や作文，絵画さらには落書きなど，生徒の表現活動に注目する。ただし，ホームページ上の書き込みや，チャットなど，インターネットにおける表現にどのように対処するか，新たな課題が生じている。

◆文 献◆

江川玟成　2000　生徒指導の理論と方法（改訂版）　学芸図書
原野広太郎　1993　生徒指導・教育相談・進路指導　日本文化科学社
文部科学省　2010　生徒指導提要
文部省　1981　生徒指導の手引（改訂版）
文部省　1990　中学校指導書（教育課程一般編）　ぎょうせい
坂本昇一　1990　生徒指導の機能と方法　文教書院
佐藤修策　1986　生徒指導の原理　岸田元美監修　河合伊六・佐藤修策編
　　　生徒指導　北大路書房
鈴木康明　1999　生と死から学ぶ　北大路書房
鈴木康明　2001　いのちの本　学習研究社
高橋超　1997　生徒指導の教育的意義と課題　松田文子・高橋超編　生きる
　　　力が育つ生徒指導　北大路書房

第2章 生徒指導

第1節 生徒指導とは

1 はじめに

　学校教育の目的の重要事は，歴史的に形成されてきた文化遺産の継承と，新たなる文化の発展をもたらす基礎づくりの二点にあり（南郷，1979），生徒指導は，教育がこの目的を達成するために欠かすことができない大切な指導活動である。
　なぜなら，人間は，一人では人間として生きることができない存在であり，必ず集団に所属することで人間としての生存と成長を可能にしている。そこで，集団に適応し，集団の規範を守り，社会的な資質を身につけさせながら，よりよき人間性を獲得し，自律的な生活をしていくことは必須である。教師による，児童生徒に対するそのための具体的な働きかけが，学校教育における生徒指導であり，これは文化伝達と並行し

て行われる。

　文部科学省（2010）の『生徒指導提要』（以下，『提要』と記す）は，「生徒指導とは，一人一人の児童生徒の人格を尊重し，個性の伸長を図りながら，社会的資質や行動力を高めることを目指して行われる教育活動のこと」と記している。生徒指導は，教育課程の特定の領域や内容に偏ることなく，学校の教育活動のすべてにわたって十分に作用させることが必要なものであり，学校がその教育目標を達成するために欠くことのできない重要な「機能」である（『生徒指導資料第20集』。以下，『第20集』と記す）。したがって生徒指導は，いわゆる「領域」概念にとらわれることなく，教育課程の内外の全領域において行わなければならないもの（『提要』）であるといえる。

2　意義と内容

　生徒指導の意義について，『第20集』および『提要』には，「一人一人の生徒の個性の伸張を図りながら，同時に社会的な資質や能力・態度を育成し，さらに将来においては社会的に自己実現ができるような資質・態度を形成していくための指導・援助であり，個々の生徒の自己指導能力の育成を目指すもの」と記されている。そして，ここでいう自己指導能力とは，「自己をありのままに認め，自己に対する洞察を深めること，これらを基盤に自らの追求しつつある目標を確立し，また明確化していくこと，そしてこの目標の達成のため，自発的・自律的に自らの行動を決断し，実行することなど」を行う能力を指している。つまり，生徒指導とは，児童生徒の人格形成，とりわけ社会生活を営む上で必要とされる基本的な資質の育成・向上に深く関わる教育活動であり，このことについては，第1章を確認されたい。

　『生徒指導の手引』（文部省，1981。以下，『手引』と記す）では，生徒指導を広い意味でとらえており，その内容について，①学業指導，②

個人的適応指導，③社会性，④公民性指導，⑤道徳性指導，⑥進路指導，⑦安全指導，⑧余暇指導などに分けて考えられたりすることがあるとしていた。また，その一方で，進路指導や保健指導については，「それらだけでも，内容や指導の幅の広さからやや独自の仕事をしてなりたっているので，……（中略）……進路指導や保健指導などを主に担当する者が，それぞれ別にもうけられている」としている。各学校には，専門的知見や技能が求められることから，校務分掌として，進路指導部，保健部などがおかれている。また，学業指導は各教科担当教諭あるいは教務部が担当していることが少なくない。実際には，学校で生徒指導といった場合，上記から，①と⑥や，保健指導の要素を除いたものとしてとらえられている。

第2節　生徒指導の主体と組織

1　生徒指導の主体

　教職を希望する学生が，「生徒指導は，生徒指導部に所属する教師，あるいは学年などに所属する生徒指導係の教師が行うもの」と，とらえていることが往々にしてあるが，この認識は正しくない。生徒指導の主体は，いうまでもなくすべての教師である。第3節に述べる通り，各教科の学習活動の展開のなかでも，生徒指導の機会は少なくない。生徒指導は，あらゆる機会を通じて，すべての教師が行うものである。

　教師のなかで，生徒指導に関し学級担任（高等学校では，ホームルーム担任，以下，担任）が担う役割は重要である。『手引』では，「生徒指導を進めるに当たっては，一人一人の生徒の能力，適性，家庭環境，将来の進路などを総合的に考え，生徒一人一人についての指導の方針を立

て，計画的に進めることが必要」とした上で，「このような方針の確立や計画的な指導を進める直接の担当者は，生徒をよく理解し，また生徒と接触する機会の多い学級担任・ホームルーム担任が適当」と記載されていた。『手引』は『提要』へと改訂され，生徒指導は教職員全員で行うものではあるが，生徒指導の担い手として担任を重視する考え方は，今日でも意味を持ちうる。児童生徒にとっての，最も身近な理解者として，最初に生徒指導に当たる役割を果たすことが，担任には求められる。ただ，担当だけで問題の解決を図ろうとする態度は正しくない。とくに，いじめが疑われる案件にあたっては，必ず校内の組織と連携して問題解決に当たらなければならない。

2 生徒指導部

上記のように，生徒指導はすべての教師が行うものであるが，個々の担任やその他の教師が，具体的な場面に当たってバラバラの対応をしていては，指導内容や指導の度合いにズレが生じる。教師による指導の相違は生徒の反発・不服従を生むなど，弊害を生む可能性が高い。いわゆる「荒れる学校」の一因に，教師集団の統一性・一貫性のない指導のあり方が挙げられることがある。学校では，学校全体としての生徒への指導方針や全体計画を作成し，統一性のある指導を展開していくことが必要になる。そのために学校におかれているのが，責任者としての生徒指導主事であり，校内組織としての生徒指導部である。

■生徒指導主事の位置づけ

生徒指導に関する主任は，中学校・高等学校では「学校教育法施行規則」（以下，『施行規則』と記す）により生徒指導主事と呼ばれている。なお生徒指導主事は，学校によって生徒指導主任，生活指導主任，生徒指導部長などと呼ばれる場合があるが，本書では，生徒指導主事で統一する。

第2章 ◆ 生徒指導

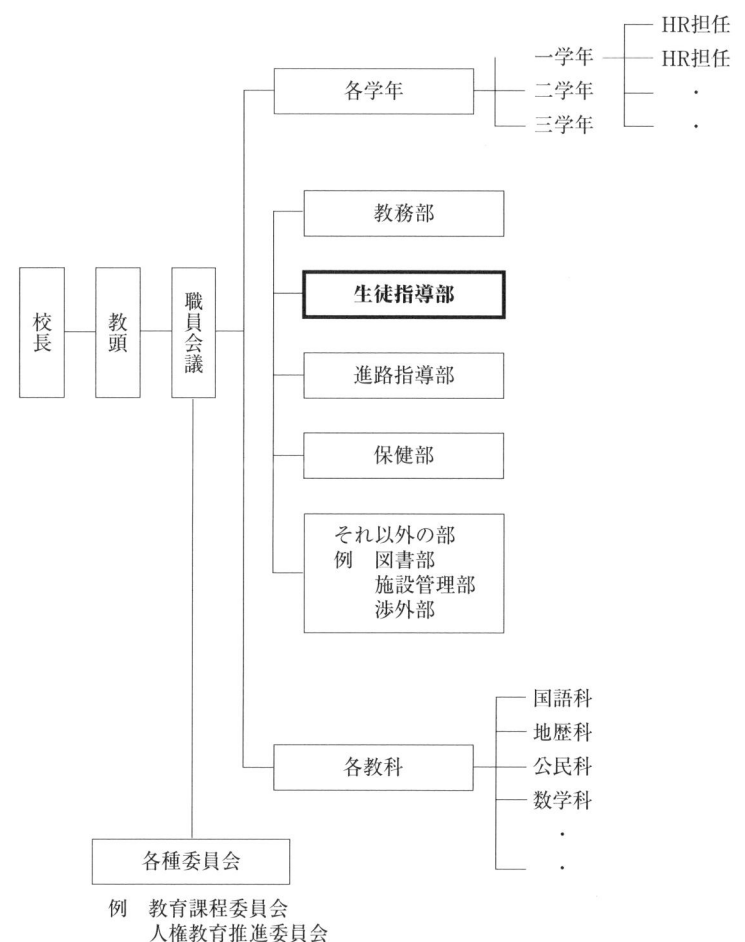

■図2-1■ 高等学校における校内組織図（例）

　特別の事情（たとえば，小規模校など）がない限り，中学校・高等学校に生徒指導主事を置くことは，『施行規則』で定められている。同規則は「生徒指導主事は，校長の監督を受け，学校における生徒指導に関する事項をつかさどり，当該事項について連絡調整及び指導助言に当たる」ことを定め，さらに文部省（現・文部科学省）事務次官通達に，よ

り詳しく「生徒指導主事は，校長の監督を受け，学校における生徒指導計画の立案・実施・生徒指導に関する資料の整備，生徒指導に関する連絡・助言等生徒指導に関する事項をつかさどり，当該事項について教職員間の連絡調整に当たるとともに，関係教職員に対する指導・助言に当たるものであること」が示された。

■指導と助言
　ここでいう主事の役割としての「指導・助言」は，一般にいう「指揮・監督」の反対概念として，法的拘束力をもたない非権力的な作用と解されている。「連絡・調整」に関しても，「必要があれば，校長及び教頭の指示を受けてこれを関係職員に伝え，あるいは，その内容を円滑に実施するために必要な調整を行う」立場である。
　また生徒指導主事は，指導教諭または教諭をもってあてることが定められており，『手引』によると「その活動における態度は，他の教師と上下の関係に立つのではない」。これらから生徒指導主事は，職制上のいわゆる「中間管理職」ではなく，学校における種々の領域の生徒指導活動におけるとりまとめ役として，同輩の教諭に適切な指導・助言を与えることが期待されている（上原，1990）。

■生徒指導部の活動内容
　それでは，生徒指導主事を責任者とする，組織としての生徒指導部はどのような役割を担うべきなのであろうか。『手引』では，生徒指導部の役割について，次の七項目を挙げていた。
　①生徒指導についての全体計画の作成と運営
　②資料や情報，あるいは設備などの整備
　③学級内外の生徒の生活規律などに関する指導
　④教育相談・家庭訪問・父母面接などを含む直接的な指導
　⑤学級担任・ホームルーム担任その他の教師への助言

⑥外部諸機関・諸団体・諸学校との連携や協力
⑦生徒の諸活動（特別活動の全般，部活動，ボランティア活動など）の指導

ところで生徒指導部が，上記の役割を果たしていくためには，部内の適切な役割分担が必要になる。学校の実状によって分担のあり方はさまざまだが，図2-2のような形が一つの例となる。

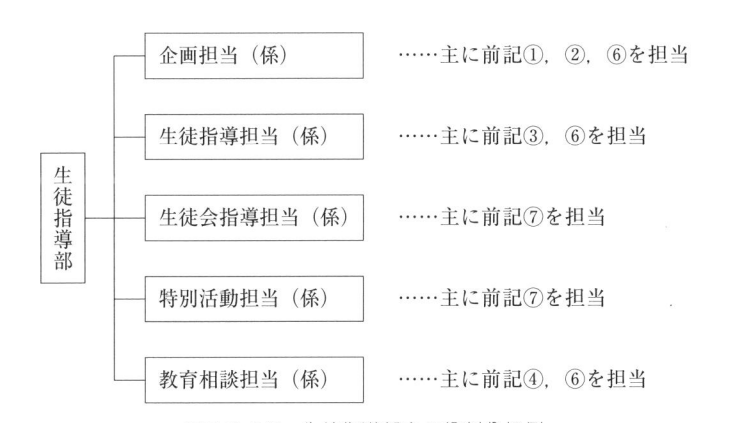

```
                 ┌─ 企画担当（係）       ……主に前記①，②，⑥を担当
                 │
                 ├─ 生徒指導担当（係）   ……主に前記③，⑥を担当
  生徒指導部 ────┤
                 ├─ 生徒会指導担当（係） ……主に前記⑦を担当
                 │
                 ├─ 特別活動担当（係）   ……主に前記⑦を担当
                 │
                 └─ 教育相談担当（係）   ……主に前記④，⑥を担当
```

■図2-2■　生徒指導部内の役割分担例
注）前記⑤の役割は，特定の係に限定されることなく，生徒指導部に所属する全員が行うべきことである。

■留意点

　生徒指導部に限らず，部内にあっては，誰が，何を，いつ，どのように行うか，つまり，仕事の内容やその手順及びその責任の所在が明確にされていなければならない。その上で，各係には，自分が担当した仕事の流れを示した資料を，電子媒体などに記録しておくことが求められる。それがあれば，次回（次年度）の資料となるばかりでなく，新たに係になる人への仕事の継承もスムーズに行われやすい。

　各学級において，生徒指導を進める核となるのは，担任である。生徒指導部所属の教師は，担任のために，LHR（ロング・ホームルーム）の時間などに必要となる資料を用意するなど，平素より密接な関係を保

つことを心がけるべきである。生徒や学級経営に問題が生じた時などに，担任が一人で悩むことなく，進んで生徒指導部に相談できるような，そうした関係を築いていくことが，校内の生徒指導体制をより確かなものにしていく。

　なお，生徒指導部が組織としての機能を十全に果たしていくためには，以下に述べるように，校内の他の分掌との連携が欠かせないものとなる。

3　他の校内組織との連携

■各学年との連携

　同一学年に多数の学級がある場合，学年主任がおかれ，学級担任，副担任とともに当該学年の児童生徒を指導していく組織が構成される。教育現場ではそれを学年，学年団，学年会（以下，学年）などと呼ぶ。

　個々の学校によって状況は異なるが，今日では規模が大きい学校の場合，所属学年の児童生徒に関わる日常的な指導に関しては，学年を中心に実施されることが少なくない。そこで生徒指導部と各学年との連携が学校における生徒指導実践の重要な要素となる。教育現場では，個々の生徒の指導にあたって，生徒指導部と学年との意見対立が見られることもあるが，これは決して望ましいことではない。この対立をできるだけ抑えるためにも，生徒指導部には各学年より最低1名以上の教師を所属させるべきである。生徒指導部の教師は，生徒指導部と所属学年相互のパイプ役を果たし，意思の疎通を円滑にする役割を果たさなければならない。また日常的な指導のあり方とその度合いを巡っては，学年間で差が見られることがあるが，こういった場合，全校の生徒指導のとりまとめ役として，生徒指導主事が調整の任にあたることが求められる。

　生徒指導主事と各学年の学年主任・各学年の生徒指導係は互いに，平

素より生徒状況についての意見交換を行い，とりわけ問題行動への対応については，一致して行動していくことが望まれる。

■進路指導部との連携

近年，生徒に積極的に勤労体験・職場体験を行わせる学校が増加しているが，これは決して進路指導という観点からのみ論じてよいものではない。つまり，自分が今，何をしたらよいのかわからないということが，無気力や非行などの問題傾向につながっているとすると，時間展望やキャリアの形成に関して，生徒指導は進路指導部と今以上に連携して指導する必要がある。

生徒が自らの進路に対し目的意識をはっきりさせ，それに向かって行動する意欲を持った時，生徒は自らを大きく変革させる可能性を有している。問題行動の予防・解決にとどまらず，生徒が生き生きと，目的を持って生活をしていくためには，将来に対する希望を明確化させ，その意識を高めていくことが重要である。

進路指導部の担当者は，当然に進路関連の資料を豊富に有し，その方面での知識にも長けている。たとえば，コミュニケーションがとりづらい，問題のある生徒に対しても，進路相談という形式でなら，アプローチしていくことが可能な場合もある。生徒指導部が進路指導部と連携しなければならない理由がここにある。近年，自分の将来への夢や展望を持てず，有意義とはいえない生活を送る生徒が増加傾向にあり，それが問題行動の要因になることがある。生徒全体の実態を踏まえ，両分掌がそれぞれの長所を生かし，共同で各種企画を立案していくなど，検討可能なことがらはありうる。今後，学校での生徒指導充実のため，両分掌が一層連携を深めていくことが望まれる。

■教務部・各教科との連携

生徒指導に関する活動と計画（たとえば，遅刻防止指導週間）につい

ては，適切に学校の全体計画に組み入れていくことが必要であるが，そうした教育計画全般・行事計画の策定は，一般に教務部が担っている。ここに教務部との連携の必要が生じる。また出欠状況や学業成績は，児童生徒・学級の状況を知る上で欠かせない資料であるが，これについても教務部が担当している。計画的な指導の推進や臨時の全校集会等への対応，児童生徒・学級状況の情報を収集していくため，生徒指導部と教務部は連絡を密にしていくべきである。また生徒の問題行動の一因に，授業がわからない，勉強ができないことが挙げられることがあるが，こうした場合には，各教科の教師と連絡をとり，補習を含めた個別的な教科指導を依頼するなど，学業面に関する援助活動を行うことが，生徒の立ち直りに効果的である場合がある。

■保健部・スクールカウンセラー・その他の分掌との連携

　生徒の問題行動には，精神疾患やその他の傷病が関係している場合もある。この場合には，保健部とりわけ養護教諭との連携を深めなければならない。スクールカウンセラーが配属されている場合は，それを有効活用することも重要である。評価をする立場にないという意味で，養護教諭・スクールカウンセラーは児童生徒にとって比較的悩み・本音を打ち明けやすい存在である。スクールカウンセラーは，決して不登校生徒への対応だけに派遣されているのではない。必要に応じて非行にはしる児童生徒と面接を行い，その不満の原因が奈辺にあるのかを把握していくこともまた，スクールカウンセラーに求められる役割である。生徒指導主事は，校内の援助資源としてのスクールカウンセラーを，非行対策をも含めて有効に活用していくという視座を持つべきである。

　なお，教育相談担当や特別活動担当は，生徒指導部におかれていることが多いが，別組織に所属している場合，当然に担当者との密な連絡が望まれる。

　このように，生徒指導は決して一部の教師の熱意に任せて行われるよ

うなものではない。生徒指導は，校内組織相互の連携を密にしながら，すべての教師の協働により，あらゆる機会を通じて，計画的・組織的に行われるべきものなのである。

4　教師の共通理解

　個々の教師は，それぞれが自分なりの思想，信条を有している。また，自らが受けた教育上の経験や，教師としての実践に基づき，その人独自の教育観を有している。そのため，児童生徒に対する指導，援助の方法，程度に，その人らしさがあってしかるべきである。
　しかし，たとえば生徒の服装や頭髪など，身だしなみに関する指導にあたり，個々の教師がそれぞれの見解や指示を提示することは，生徒のみならず保護者をも混乱させる。そこで教師には，たとえ意見の相違やそれによる葛藤を経験したとしても，指導上のことがらについて，足並みを揃えた対応をすることが求められる。そのためには，生徒の何について，どの程度働きかけていくのか，学年会や職員会議等を通じて充分に話し合い，共通理解を得る努力をしなければならない。
　一例として，「全体的に生徒の授業に向かう態度に落ち着きが見られない事例」への対応をあげておく。立て直しに向けて教師たちは，まず授業に向かうその姿勢を生徒に示そうと，始業のチャイムが鳴る時には教室に着いているようにした。そして，「チャイムで授業を始め，チャイムで終える」ということを，全教師が徹底して実践するよう心がけた。結果，一定期間が経過した後，目に見えて生徒の状況に改善が見られたという。こうした取り組みは，個々の教師の思想・信条等に関係なく実践が可能である。教師が一致し，集団力を発揮して生徒指導にあたることが効果につながるのである。

第3節　さまざまな教育活動を通じての生徒指導

1　教科教育（授業）・道徳の時間を通じての生徒指導

　一般に授業を通じての生徒指導というと，たとえば，定められた座席に着席させる，授業開始・終了時の挨拶（起立・礼など）をしっかりさせる，発問―応答の中で生徒の言葉遣いを正しくさせる，などどちらかというとしつけや人間関係のマナーなどが想起されることが多い。たしかにそういった学習態度改善に向けての教師の働きかけは，生徒指導の一つといえる。しかし授業の中での生徒指導とは，そうしたものだけを指すのではない。

　各教科の目標や内容の中には，生徒指導がめざすものが含まれていることがある。

○中学校社会科〔公民的分野〕の内容（1）―イ

　ここには，「家族や地域社会などの機能を扱い，人間は本来社会的存在であることに着目させ，個人と社会とのかかわりについて考えさせる。その際，……（中略）……社会における取り決めの重要性やそれを守ることの意義及び個人の責任に気付かせる」ことが記されている。

○中学校保健体育〔体育分野〕の目標（3）

　ここでは，「運動における競争や協同の経験を通して，公正な態度や，進んで規則を守り互いに協力して責任を果たすなどの態度を育てる」との記載があり，同じく内容Ｅ球技（2）には，「チームにおける自己の役割を自覚して，その責任を果たし，互いに協力して練習やゲームができるようにするとともに，勝敗に対して公正な態度がとれるようにする」ことが記されている。これは体育を通じて，集団（社会）生活の中で，個人が取るべき態度を学ばせることを意味している。なお，これは課外部活動の指導においても同様であると考える。

道徳の場合は，改めてあげるまでもないだろう。このように，各教科・道徳の目標と内容そのものに，生徒指導のねらいと一致するものが含まれる。教科本来の目標を達成することが，生徒指導の果たすべきねらいと結びつくことがあるのである。
　さらに，教師の授業の指導形態の工夫が，同時に生徒指導実践に結びつく場合がある。たとえば，授業にグループ学習，班学習などを取り入れることが，グループのリーダーの育成や，討議，発表など自己表現の育成につながることなどである。教師が上手にこうした活動を推進させることは，生徒指導の課題である「人間関係の改善と望ましい人間関係の促進」や「共感的人間関係の育成」（『第20集』）に結びつくのである。
　生徒指導を学校教育の中の機能としてとらえると，あらゆる教育の場面にその機会はある。授業も決してその例外ではない。生徒指導＝管理とみなし，その観点からのみ授業を行うならば，教科教育の目的に沿わず，児童生徒に学ぶ喜びを与えることはできない。しかし，たとえば児童生徒相互の人間関係づくりに活かす方法で授業実践を行うのであるならば，逆にその楽しさを深めることも可能だろう。教師には，「教科教育の中での生徒指導」という観点から，授業を問い直してみるということも必要ではないか。

2　「特別活動」の中での生徒指導

　「望ましい集団活動を通して，心身の調和のとれた発達と個性の伸張を図り，集団や社会の一員としてよりよい生活を築こうとする自主的・実践的な態度を育てるとともに，人間としての生き方（高等学校では，在り方・生き方）についての自覚を深め，自己を活かす能力を養う」（中学校・高等学校学習指導要領，1989）ことを目標に，学校教育の中では「特別活動」が実施されている。ここで示された「特別活動」の目標は，生徒指導のめざすものと重なっている。

生徒指導は生徒に自己存在感を与え，共感的人間関係を育成し，自己決定の場を与えてその可能性の開発を援助することを通して自己指導能力の育成を図るものであるから，指導の充実を図る上で，特別活動は……重要な役割を果たす（『第20集』）。
　学習指導要領は「特別活動」の内容として，①学級活動（高等学校では，ホームルーム活動），②生徒会活動，③学校行事の三つを挙げている。ここでは，とくに学級活動と学校行事について取り上げる。

■学級活動・ホームルーム活動の中での生徒指導
　学級・ホームルームは，児童生徒が学校生活を送る上で，最も日常的で基礎的な単位の集団である。そこにいかに適応し，良好な人間関係を築いていくかは，児童生徒にとって学校生活の良否を決める極めて大きな要素である。そのために教師は，ホームルームの中での生徒相互の人間関係づくりを促進し，生徒との信頼関係醸成に尽力しなければならない。近年，それに資するさまざまな方法が数多く発表されてきている（たとえば，田中，2003；小林，2004）。生徒の「適応」と「望ましい人間関係促進」への指導・援助の必要性は，今後益々高まるものと思われる。第一線で，児童生徒に対するそうした働きかけを行う責任を担うのが，ホームルームを受け持つ担任なのである。
　またホームルームでの活動を通して，児童生徒に自己存在感をもたせつつ，集団生活の意義を理解させていくことも重要である。生徒各自が自らの役割を自覚してその責任を果たしていく，また相互に協力しあって学級をよりよい雰囲気にしていく，そうした指導を進めていくために，担任は全員にホームルームの中で，何らかの役割（係など）をもたせることを心がけるべきだろう。

■学校行事の中での生徒指導
　学校行事は，全校又は学年を単位とする体験的活動を旨とするもの

で，①儀式的行事，②学芸的行事，③健康安全・体育的行事，④旅行・集団宿泊的行事，⑤勤労生産・奉仕的行事をその内容としている。

準備段階も含めたこれらの活動を指導する中で，教師が留意しなければならない点は，学校行事は生徒指導の前提となる「生徒理解」の絶好の機会，ということである。とりわけ宿泊を伴う行事においては，平素の学校生活だけでは見えづらい，生徒の性格・行動のあり方，あるいは学級・グループの中における当人の位置が明確になる。学校行事を通して得られたこれらの情報は，以後の生徒へのさまざまな指導に大きな意味をもつこととなるのである。

学習活動は苦手であっても，行事の中では存在感を示し活躍ができる生徒がいる。勤労体験・職場体験は，生徒に将来に対する目的意識をもたせるのに大きな意味をもつ。あるいは福祉施設でのボランティア活動などは，生徒に自己有用感をもたせる契機にもなりうる。このように，学校行事の場は生徒指導という観点からみても，その意義は大きい。

なお，これらは「特別活動」だけでなく，教科等の枠を超えた横断的・総合的な学習，探求的な学習であるべき「総合的な学習の時間」にあっても同様のことがいえる。

第4節　家庭・地域との連携

1　家庭との連携のあり方

■家庭との連携の重要性

家庭教育のあり方は，児童生徒の人間形成に絶大な影響力を及ぼしている。とりわけ非行，不登校などの諸問題は，生徒の家庭環境を充分に

理解した上で，保護者と学校が協働で指導にあたらなければ，問題の解決に結びつかないことが多い。学校が生徒を指導していくにあたり，第一に留意しなければならないのが家庭との連携である。

■連携のあり方

家庭との連携には，①すべての児童生徒の保護者を対象とするものと，②問題行動があり，特別な連携を必要とする特定の児童生徒の保護者を対象とするものに大別できる。

①すべての児童生徒の保護者を対象とするもの

入学式後やPTAの集会等の全体会，通信（学年便り，学級通信等），学校が設定した期間での保護者会が活用できる。

学校にはその学校の教育目標と，目標を達成するための生徒指導方針，進め方がある。そこで学校は，学校としての指導のあり方や進め方について，家庭に理解してもらうことが必要であり，上記の機会を通じ，折に触れて説明を行い，理解の浸透と保護者からの協力を得るべきである。その際，学校側の考え方を一方的に押しつけるのではなく，生徒の学校での生活状況を伝え，なぜそのような指導をはかろうとしているのか，背景も含めて，わかりやすく説明していくことが欠かせない。また，文化祭，体育祭，その他学校行事への参加を促し，学校に足を運んでもらう機会を増やすことも，学校と家庭との連携を深めていく方法となる。

②特定の児童生徒の保護者を対象とするもの

たとえば，出席状態不良の生徒への連絡等の通知，電話，保護者会での二者面談や生徒を含む三者面談，呼び出し面談，教師の家庭訪問などがある。

ここで，まず念頭におくべきは，生徒の状況について，客観的な事実を可能な限り詳しく家庭に伝えることである。生徒の家庭での生活態度と家庭外でのそれが大きく異なることは往々にしてあり，保護者が生徒の望ましくない生活状況に気づかない場合も多い。保護者がそれを的確

に把握した時，家庭の教育力を充分に発揮させる場合もある。

■問題行動の生徒の保護者

　養育態度が教師の目からは問題があったとしても，子育ては決して容易なことではないことに留意し，保護者がそれまで児童生徒を育ててきたことに教師は敬意を払うべきであろう。家庭の教育力を上手に引き出すためには，謙虚な態度で情報を適切に伝え，保護者の指導力発揮を求めることが必要である。

　学校の指導に対し，非協力的態度をとる家庭も当然にある。そういった場合，家庭ととくに連携を必要とする時には，家庭訪問が有効であることが多い。生徒を深く理解し，学校生活の場において適切な指導を行うためには，家庭状況や保護者の生徒へのかかわり方，生徒の家庭内でのあり方を知ることが不可欠である。これらは，直接家庭を訪ねることによって，実感として把握できる面が多いからである。

■家庭訪問

　教師が自ら家庭に出向き，面談を通じて保護者との信頼関係を深めることができれば，生徒に対する一層の教育効果が期待できる。こうしたことから保護者を「呼び出す」のではなく，教師が家庭を「訪問させていただく」のである。

　訪問に当たっては，安易に家庭のプライバシーに踏み込むことは避けるべきだろう。ここでも一方的に学校の主張を伝えるのではなく，まずは保護者の要望や不満に耳を傾けることから始める。そうすることで保護者は防衛的態度を解き，本音で語ってくれるようになる。その上で，どうすることが生徒にとって最善の指導になるのかを，保護者と教師相互の協力と理解によって探り，確認をし合っていくことが大切である。相互の信頼関係が築けない場合であっても，「どんな保護者でも，子どもの健全な成長を願わない保護者はいない」という点を信じ，教師の側

は粘り強くアプローチをしていくことが求められる。以上のことは，家庭訪問の時だけでなく，家庭と連携をはかっていく際に必要とされる教師の側の基本的な態度ということができる。

それでも，いかに努力しても，学校・家庭の力だけでは児童生徒の状況改善に限界がある場合がある。そういった場合に必要となるのが，以下に述べるような地域の関係諸機関あるいは地域住民との連携である。

2　地域との連携のあり方

■地域との連携の重要性

児童生徒は，家庭と学校の往復でのみ生活をしているのではない。それを取り巻く地域社会全体の中で毎日の生活を過ごしている。とりわけ家庭に満足ができなかったり，学校においても充分な自己存在感を得られない生徒は，一人又は複数の仲間と共に，その地域のどこかに自らの居場所を求める。近年では，携帯電話，携帯メールなど情報化の進展により，生徒が家庭や学校に気づかれにくいままに交友関係をもったり，関係が組織化していく可能性が強まっている。

次代を担う児童生徒を，社会全体の力で慈しみ育てていくという視点から，学校が積極的に地域社会と連携を深めていくことは極めて意義深いことである。また，学校の力だけでは，生徒の問題解決が困難な場合，関係諸機関の専門性を活かし協働で解決に当たっていくことが，近年，とくに重視されるようになってきている。

■地域との連携のあり方

地域との連携には，①学校間の連携，②専門機関との連携，③地域住民との連携，④生徒の地域社会の諸活動への参加などが挙げられる。

■学校間の連携

　これには「縦の連携」と「横の連携」の二種がある。高校を例にとると，縦の連携とは，中学校―高校―大学間の連携を指し，横の連携とは，高校間相互の連携のことをいう。高校側からすると，指導が困難な生徒を理解する上で，出身中学校時代の状況を知ることは非常に重要なことである。中学校時代，当該生徒を担当した教師から，その指導に関して気がつかなかった助言が得られる場合が多い。また出身小・中学校には，当該生徒の弟妹などが在学していることもあり，その関係から有益な情報を引き出せる可能性もある。先輩が後輩を犯罪の対象にしている場合などは，とくに縦の連携が重要になる。ただし，生徒あるいはその家族にかかわることがらに関しては，プライバシー保護に関する配慮が必要となる場合もあり，その点での慎重さが求められる。

　横の連携は，たとえば出身校を同じくする生徒による広域での問題行動発生を未然に防ぐ意味で重要である。一つの学校で起こった問題行動は，情報化の進展により，他校に普及する恐れがある。特に二輪車での暴走行為・覚醒剤の使用などに関しては，一つの学校の枠に留まらず，非行は益々広域化している。「横の連携」については，生徒指導主事による連絡会議等が定期的にもたれることが望ましい。また，そうした立場でない教師であっても，校外の研修会・会議・部活動の対外試合等への参加機会を利用すれば，他校の教師と情報交換を行うことが可能である。

　教師は所属校の枠にかかわることなく学校間の横の連携を深め，児童生徒に関する情報交換を密にし，必要に応じて「行動連携」をはからなければならない。

■専門機関との連携

　これについては，2001年に発表された「少年の問題行動等に関する調査研究協力者会議」による報告を指針にまとめる。同報告は，「心」の問題に関して，地域のネットワークを活用した学校と関係機関の専門

家による対応を方策として挙げている。そして，社会性を育む教育の展開として，学校と家庭や地域社会，関係機関とをつなぐ「行動連携」のシステムづくりを求め，地域における「行動連携」のためのネットワークの形成と「サポートチーム」の形成を提示した。

生徒の問題行動の要因は多様であり，たとえば，精神病理を含む場合，家庭での虐待が関係する場合，生活保護等福祉面での配慮が必要とされる場合など，学校だけでは対応ができないものが少なくない。警察との連携が不充分な場合，生徒の非行の状態を悪化させる可能性もある。

学校が連携を必要とする主な関係機関は，「警察関係」，「矯正・更正保護関係」，「福祉関係」，「保健関係」及び「家庭裁判所」に大別できる。「警察関係」の機関には，警察署，少年サポートセンター，(警察本部長・警察署長等が委嘱する) 少年警察ボランティア，少年補導センターがある。「矯正・更正保護関係」では，保護司，保護観察所，少年鑑別所が，「福祉関係」では，児童相談所，福祉事務所，主任児童委員，民生・児童委員が，保健関係では，保健所，保健センター，精神保健福祉センターがそれにあたる。諸機関が同じ方向性をもった指導・支援を行うためには，各機関等の活動を調整する連絡調整役（コーディネーター）の役割が重要であるが，具体的な連絡・調整を行うのは，原則として教育委員会（又は教育委員会が委嘱した指導員）等が適切とされる（学校と関係機関との行動連携に関する研究会，2004）。同研究会の報告では，関係機関の行動連携に関する役割分担の例として，

　中学校数人が無職少年も出入りするたまり場に集まり問題行動を起こしていたため，たまり場を解消すること及び中学生と無職少年とのつながりを断たせることを目指し，サポートチームを形成した。

　中学生に対しては，<u>学校</u>による学業指導や<u>児童相談所</u>による家庭援助等を中心に支援を行い，同時に，無職少年に対しては，<u>主任児童委員，警察署，少年警察ボランティア</u>により，生活援助や就職援助等を行った。

（下線は筆者による）

を挙げている。

　しかし，教育委員会等をコーディネーターとし，サポートチームを組む広範囲での機関間連携を必要とするケースよりも，学校が個々の機関との個別的な連携を実施することのほうが現実的には多いものと思われる。学校は諸機関の専門とする分野をよく知ることが重要である。そして相互の役割分担を明確にし，児童生徒の問題解決に向けて，よりよい形で連携を実施すべきであろう。

■地域住民との連携

　教師が児童生徒の，校外での生活について十全に目が届かないのは当然であるし，登・下校時以外は，本来それについての責任を負う立場にはない。しかし現実的な問題として，非行やその組織化を未然に防ぐためには，生徒の校外での様子を知る地域住民と学校との連携は欠かせない。とりわけ学校周辺，生徒の集まりやすい駅周辺・繁華街・コンビニエンス・ストア周辺の関係者・住民と，学校は良好な関係をつくることを心がけたい。近年では，学校と，町内会長，最寄駅駅長，民生・児童委員，保護司などが地域ネットワークづくりを推進している動きも見られるようになっている。

　地域住民からの情報提供があった場合，学校はそれに感謝し，誠実に対応するべきである。また学校の状況をよく知っていただき，地域社会をあげて学校をよくしていく取り組みに協力していただく意味でも，文化祭等の学校行事や「公開授業週間」，また「学校評議員制度」を活かすなど，折にふれて「地域に開かれた学校づくり」への取り組みがなされるべきである。

　さらに，生徒が通っていた（る）スポーツクラブ・道場などの指導者や，地域の祭礼にかかわる担当者等の方々は，当該生徒の指導に関する情報を入手する上でも貴重な存在である。こうした方々は，教師の指導に素直に従えない生徒にも，一定の指導力を有する場合がある。地域の

方々を援助資源とすることもまた，教師が生徒指導を実践する上での大切なことといえる。

■児童生徒の地域社会の諸活動への参加
　地域社会の中で，生徒が勤労体験やボランティア活動等に参加することは，生徒の社会性を育む上で，学校では得られぬ効果が期待できる。また，信頼できる指導者がいることを前提に，地域のスポーツ・文化的活動・伝統的な行事・活動等に生徒を参加させることも，広い意味での生徒指導のあり方と考えていいだろう。これらは，教師が生徒を多面的に見る契機にもなりうる。以上をとおして強調したいことは，地域との連携を，単に関係機関との連携だけでとらえてはならないということである。
　従来，生徒指導面について，学校は決して外に開かれたものではなかった。その大きな理由として，「生徒のことは，学校（及び家庭）で指導するもの」で，外に連携を求めるという発想そのものが教師・管理職の間で乏しかったことや，生徒の問題行動を学校の恥部と見て，それを外には出さないとする考え方が教育現場に存在していたことが挙げられる。しかし今後は，いかなる学校においても，指導困難な生徒が増え続けていくことが予測される。生徒は社会の中でつくられる存在である。教師は，閉鎖的な考え方を捨て，地域全体で生徒を育てていくという視座を持たなければならない。そのために自ら地域の援助資源を開拓し，積極的に協力を請うなど，協働で生徒を育てていくという姿勢が求められる。

第5節　問題行動への理解とその対応

1　問題行動とは何か

　教育現場では，教師の間で「生徒のああいった行動は，問題……」といった表現が用いられることがあるが，何を「問題」とするかは，その行動を取り上げる人や場面によって当然に異なる。

　いわゆる「問題行動」という用語は，医学用語，心理学用語などのような，はっきりとした定義があるものではない。文部省（1985）もまた，問題行動を「発達や社会適応の面からみて，問題となる行動」といった，広いとらえかたをしている。

　問題行動とは，だれが問題とするのか（人），何をもって問題にするのか（内容），どのような立場や側面から取り上げようとするのか（立場），どのような尺度で問題とするのか（基準）など多様な要素をもっている（内藤，1982）。

　たとえば，生徒が親に対し反抗的な態度をとったとしても，思春期の自我形成という観点からとらえるのならば，それが正常な発達段階を踏んでいるということもある。すなわち，ある行動を問題行動としてとらえる場合には，だれが（教師，保護者など），どのような行動を（行動の内容，及びそれが生じた状況），どのような立場から（教育上，法律上，医学上），どのような基準で（社会的基準，法的基準，病理的基準，発達的基準，統計的基準など）とらえようとしているのかを考えてみる必要がある。そしてその行動をとおして，生徒は何を訴えているのか，行動の背後にあるものをとらえようとする姿勢（下司，1991）が教師には必要である。

2　問題行動の分類

　問題行動は，そのとらえ方によってさまざまな分類の仕方がされる。一般に教育現場では，問題行動を「反社会的行動」と「非社会的行動」で分類することが多い。

■反社会的行動
　反社会的行動とは，社会秩序に反する行動であり，具体的には法律・社会規範に反したり，その規範から逸脱する行動をいう。反社会的行動は，さらに，他者に直接的に被害を与える行動と，他者に直接的な被害を与えるとはいいがたい行動の二つに分類することができる。
　前者にあたるものに，暴力行為，恐喝，いじめ，窃盗，万引き，虚言，器物破損などがある。後者にあたるものには，飲酒，喫煙，薬物乱用などがあり，いわゆる性非行（不純異性交遊）などもこれに含まれる。他者に直接的な被害を与えてはいないということから，後者の指導の方がむずかしい場合もある。

■非社会的行動
　環境への不適応等により引き起こされる，社会の一員としての観点からは適切さを欠く行動が非社会的行動である。これには，不登校，無気力，緘黙，自殺などが含まれる。非社会的行動も，他者に直接的な被害を与える行動とはいえない。しかし人間は，社会に適応してこそ生活が可能であり，また社会の中で有意義な，一定の役割を果たすことを求められる。次代を担う人材を育てることを使命としている学校は，その観点から非社会的行動をとる児童生徒を全く放置しておくことはできない。
　中学校・高等学校時代はさまざまな欲求が高まるが，その欲求は必ずしも充足できるとは限らない。生徒のフラストレーション・葛藤が，自分の外に向けられた時は反社会的行動に結びつきやすく，自分自身に向

けられた時は非社会的行動に結びつくものと思われる。

　生徒指導部の中に，教育相談を扱う機能が含まれない場合，生徒指導部は「反社会的行動」にかかわる問題を，教育相談部（担当）は「非社会的行動」にかかわる問題を，それぞれ担当することが一般的である。

3　問題行動の早期発見

■早期発見の重要性

　医学の世界では古くから「早期発見・早期治療」の重要性が叫ばれてきているが，問題行動への対応に関しても，その重要性は同じである。はっきりとした問題行動へと発展していく過程には，その兆候となるものがあらわれることが少なくない。教師がその兆候を可能な範囲で見逃さず，早期の段階で，児童生徒にアプローチしていくことが，問題行動の早期解決に結びつく。

■反社会的行動の兆候

　反社会的行動に結びつきやすい第一の兆候として，教育現場で重視されるのが，生徒の頭髪や服装など外見上の変化である。具体的には，髪を染めたり，派手な化粧をしてきたり，制服の正しい着用を拒否したりすることなどがそれにあたる。こうした外見上の変化は，それがただちに非行に結びつくとは限らない。教師は当該生徒にとってそのことがどのような意味をもっているのかを面談などをとおしてつかみ，その根底にある不満の解消に尽力したい。その上で「生徒心得」等で禁じられている行為があれば，改善を促さなければならない。そのまま放置していると「類は友を呼ぶ」形で，生徒間で好ましくない傾向がつながり，悪しき意味での連鎖が進行する可能性もある。そうした事態を防ぐためにも，教師は気づいた段階で早めに対応することが望ましい。

反社会的行動の被害を受けている児童生徒に関しても，同様にその兆候が，外見に表れていることがある。具体的には，顔に殴られた痕がある，手にタバコの火傷の痕がある，水を浴びせられた形跡がある，服装がひどく汚れている，などがそれに当たる。教師はそういった形跡を見つけた場合，さりげなく理由を聞き，仮に本人が被害を否定しても，信頼できる生徒に様子を聞いてみたり，家庭内での様子を保護者に問い合わせてみる，などを行うべきである。
　その他，少年非行の深化に進むステップとしてよく指摘されるものに，喫煙と夜間（深夜）徘徊がある。とりわけ深夜徘徊は生徒が被害者にもなりやすい行動であるだけに，情報を入手した場合は，できるだけ早期に適切な指導をすることが望まれる。

■非社会的行動に結びつきやすい児童生徒の変化
　不登校や自殺などへと発展していく外見上の変化を示すものとしては，リストカットの痕跡，痩身が過度に進んでいく状況などがある。行動面では，人と接することを避けるようになった，他人の言動を必要以上に気にするようになった，学校を休みがちになった，などが挙げられる。
　こうした生徒の外見や行動面での変化を，最初にキャッチしやすいのが担任である。問題行動は，早期発見・早期対応をするほどに深刻化するのを抑えることができ，その結果，指導に注ぐ労力も少なくてすむと考えられる。
　教師は，生徒の変化を感じ取った場合，教師間の連携を密にし，すばやく，組織的に対応していくことが望まれる。

◆文 献◆

学校との関係機関との行動連携に関する研究会編　2004　学校と関係機関との行動連携を一層促進するために（報告集）

下司昌一　1991　問題行動の理解と援助　千崎武・渡辺三枝子・野々村新編著　生徒指導論　福村出版

小林昭文　2004　担任ができるコミュニケーション教育　ほんの森出版

文部科学省　2010　生徒指導提要

文部省　1981　生徒指導の手引（改訂版）

文部省　1985　児童の反社会的行動をめぐる指導上の諸問題（生徒指導資料第4集）

文部省　1988　生活体験や人間関係を豊かなものとする生徒指導（生徒指導資料第20集）

内藤勇次　1982　生徒指導・相談と問題行動　神保信一・原野広太郎編著　生徒指導・相談講座4　ぎょうせい

南郷継正　1979　現代教育に欠けたるもの　五十嵐良雄・渡辺一衛編　教育とは何か　三一書房

少年の問題行動等に関する調査研究協力者会議編　2001　『心と行動のネットワーク』―「心」のサインを見逃すな，「情報連携」から「行動連携」へ―（報告集）

田中將之　2003　グループ日誌　栗原慎二編　開発的カウンセリングを実践する9つの方法　ほんの森出版

上原崇　1990　生徒指導主任の法規上の位置付け　生徒指導主任読本　教育開発研究所

第3章 進路指導

第1節 進路指導とは

1 意味と意義

　1991年に発足した「高等学校教育の改革に関する推進会議」は，教育に関するさまざまな改革を打ち出したが，高校入学者選抜についても，学力だけによるのではなく，生徒の能力・適性を多面的にとらえ，生徒の個性や優れた面を積極的に評価する工夫を求め，具体例として，推薦入学の実施や受験機会の複数化，調査書の重視，面接・小論文の活用などを提示した。これを受けて1993年，文部省（現，文部科学省）は通達を出し，業者テストによる偏差値に頼らない，以下のような進路指導への転換を，中学校に求めることとなった。
　①学校選択の指導から生き方の指導への転換
　②進学可能な学校選択から進学したい学校選択への指導の転換

③ 100％の合格可能性に基づく指導から生徒の意欲や努力を重視する指導の転換

④教師の選択決定から生徒の選択決定への指導の転換（榎本，2000）

　ここに述べられたような進路指導のあるべき姿は，実は戦後日本の教育行政の定義として，一貫して強調されていたものである。しかし，現実に行われていた指導は，偏差値に基づく進学指導や，一流企業へ進むことをよしとする就職指導のような，出口指導に偏ったものであった。こうした望ましくない進学指導の状況を，当の文部省が認め，新たな出発をすることを内外に向けて示したという点に，この通達の大きな意味がある。

　進路指導は，かつて職業指導と呼ばれていた。その定義は，戦後間もない1947年，職業ガイダンス協会（The National Vocational Guidance Association, NVGA）による職業ガイダンスの定義を，文部省が「個人が職業を選択し，その準備をし，就職し，進歩するのを援助する過程である」と翻訳したものが最初である。1951年，職業指導の手引き書「学校の行う職業指導」において，翻訳ではない初の職業指導の定義を打ち出した。「職業指導とは，生徒の個人資料，進学・就職情報，啓発的経験，相談，あっせん，補導などの機能を通して，生徒が自ら将来の進路を計画し，進学・就職して，更にその後の生活によりよく適応し，進歩するように，教師が教育の一環として援助する過程である」。

　この定義を原型として，1955年の「中学校・高等学校職業指導の手びき―管理運営編」の中で，仮案として以下の定義がなされた。「学校における職業指導は，個人資料，職業・学校情報，啓発的経験および相談を通じて，生徒みずからが将来の進路の選択，計画をし，就職または進学して，さらにその後の生活によりよく適応し，進歩する能力を伸長するように，教師が教育の一環として，組織的，継続的に援助する過程である」。その後，職業指導に代わり，進路指導という呼称が一般的になっていく間に，仮案という語が落ちて，この定義は定着したのだとい

う（藤本，1987；藤田，2001）。

　この1955年の定義は現在も，進路指導の基本的理念であるといえる。呼称の変化はあったものの，戦後一貫して，生徒の将来展望に基づく進路の自己決定を可能にするための指導，という理念を保持しているわけで，これは当時の教育行政の先見性を表す結果ともいえる。

　1987年，日本進路指導学会（2005年4月より日本キャリア教育学会と名称変更）は以下のような定義を発表した。「学校における進路指導は，在学青少年がみずから，学校教育の各段階における自己と進路に関する探索的・体験的諸活動を通じて自己の生き方と職業の世界への知見を広め，進路に関する発達課題と主体的に取り組む能力，態度等を養い，それによって，自己の人生設計のもとに，進路を選択・実現し，さらに卒業後のキャリアにおいて，自己実現を図ることができるよう，教師が，学校の教育活動全体を通して，体系的，計画的，継続的に指導援助する過程である」。

　このようなすばらしい理念を示す諸々の定義を有するにもかかわらず，先述のように，多くの中学高等学校で行われてきた進路指導の実際は，生徒の自主性を育成するという点でも，人生という長い視野から進路をとらえるという点でも，また組織的継続的な指導という点でも，定義に示されたような意味での進路指導からはほど遠いものといわざるを得ない。

　こうした進路指導の現状への反省から，新たに進路指導を「キャリア教育」としてとらえ直す動きが始まっている。1999年には，初等中等教育審議会「初等中等教育と高等教育との接続の改善について」の答申の中で，若者のフリーター志向の広がりを受け，学校教育と職業生活との接続の改善方策として，キャリア教育の必要性が述べられている。ここではキャリア教育を，「望ましい職業観・勤労観及び職業に関する知識や技能を身に付けさせるとともに，自己の個性を理解し，主体的に進路を選択する能力・態度を育てる教育」と定義した上で，「小学校段階

から発達段階に応じて実施する必要がある」とし，「実施に当たっては家庭・地域と連携し，体験的な学習を重視するとともに，各学校ごとに目標を設定し，教育課程に位置付けて計画的に行う必要がある」と述べている。

　キャリア教育という考え方が教育行政の正式な文書の中で登場したのは，この答申が初めてである。進学指導・職業指導の色合いの強かったこれまでの実際の進路指導から脱却し，生涯にわたって個人が働いて作り上げる「キャリア」——生き方——の発達的な側面を強調しつつ，それに必要な個人の個性や能力，発達に応じた教育を強調する指導への変化を，強く印象づけるものである。こうした動きの裏には，社会経済的な事情があることも無視できないが，何よりも学校現場で行われている現在の進路指導への反省があるのである。

　ただ，前述の文部省による定義において明らかなように，こうしたキャリア教育のエッセンスは，時代を先取ってすでに教育の現場に，理念として明確に持ち込まれていたものであり，実はそれほど革新的な考え方ではない。それでも「キャリア」という，非経済活動のボランティア活動や趣味の世界までもカバーするような広い領域に対応する，新たな概念を登場させることで，生徒たちの幅広い将来可能性に対応しようとしている点は，新しい視点といえよう。

2　目標

　進路指導を受ける生徒にとって，希望する上級学校への進学や事業所への就職は，たしかに大きな目標である。しかしそれ以上に大切なのは，将来を自分の手で築き上げられる自主性を身につけ，将来にわたる自分の生活を満ち足りたものにできるよう，さまざまな能力を伸ばすことである。親や周囲が望む有名校への進学や，一流企業への就職といった，お仕着せのゴールではなく，自分の個性や能力を自覚し，希望に沿った

将来を自ら設定し，それに向かって進んでいくことが，望ましい進路発達なのである。その前提として，生徒はさまざまな職業に関する情報を得て，自らの個性と能力に基づく適性を理解した上で，自分に合った職業を選択しなければならない。こうした自己理解のためにも，また現実と折り合いをつけるためにも，周囲の意見に耳を傾ける必要が生じる。そうした情報や助言を真摯に受け止め，考慮した上で，自らの進路選択へと結びつけることも，進路指導を受ける生徒にとっては目標となる。

一方，指導する教員の側に求められる目標は，こうした指導をとおして，生徒自らが情報を活用し，他者といい関係を保ちながら，将来を自分で自主的に設計し，決定していけるよう，さまざまな能力を高める指導をすることである。その前提として，教員自身が自らの職業にかかわる目標を自覚していることが大切である。それができていて初めて，職業生活を人生の中にきちんと位置づけ，誇りと喜びを持って生きているという姿勢を，生徒に示すことができる。教師の姿に，働く社会人としてのモデルを見ることで，生徒も自分が生きがいを持って働くことを，リアルに考えることができるのである。

3　教育相談との関連

一般の大学・専門学校生に，心理療法を受けるとしたならばどんな内容について話したいか，選択式でたずねた調査（伊東, 2000）によれば，上位三つは「生き方」54％，「将来」50％，「性格」46％という結果であった。1位・2位はいずれも，進路選択とのかかわりの深い内容である。このように一般の心理療法を念頭においた場合でも，進路にかかわる内容は話題となることの多いテーマである。教育相談においても，当然こうした話題は取り上げられることが多いと考えられる。

このことからわかるように，進路に関する悩みは，スクールカウンセラーへの相談や，心の教室相談員，担任あるいは教育相談担当教員など，

教育相談担当者への教育相談の中で語られる悩みとして，取り上げられる場合がある。教育相談として進路の相談を受けた教員は，他の問題――たとえば性格，家族，友人関係，不安，イライラなど――と同様に，適切に対応する必要がある。

　一方，進路指導の一つと位置づけられる進路相談活動の中でも，進路に関する悩みが語られる場合がある。より正確に言えば，すべての生徒は進路選択について悩みを持つのが当然である。エリクソンの発達段階の図式に従うならば，自我同一性（Identity）の確立が青年期の発達課題であり，これは「自分探し」という難題に主体的に取り組むことをとおして，初めて達成することができる課題である。進路選択の過程において，こうした自我同一性の問題に必然的に取り組むこととなる生徒は，悩みと無縁ではいられない。進路指導という継続的に行われる指導の中で，生徒は自らの将来に直面することを求められ，混乱や，選択に際しての不安にとらわれるのである。

　こうした相談において大切なのは，しっかりと生徒を受け止め，適切な情報やアドバイスを与えつつ，生徒の自主性やその他の能力を高めるようなかかわりをすることである。成長を指向するこのような援助は，開発的カウンセリングと呼ばれるものであり，教育相談全般で用いられることが多い。

第2節　内容と領域

1　内容

　進路指導の内容は，きわめて多岐にわたる。そこに共通するのは，生徒が将来のキャリアを決定できるようにするための教育活動，というこ

とである。指導は場当たり的に行うのではなく，長期から短期にいたる計画にのっとって，継続的に実施していくことが大切である。

指導内容は，個人対象と集団対象とに大別される。前者の代表的な指導内容は，面談や相談活動，模擬面接，進学・就職の具体的実践的な援助などであり，後者はクラスあるいは学年単位での情報提供や講話，就職指導などが代表的なものである。ただし，就業体験や職場訪問など，個別・集団のいずれでも指導が与えられる内容もある。

進路指導は，自己の生き方について考えさせることが主要な狙いの一つとなる「総合的な学習の時間」にも当然行われるし，他の各教科指導の内容を通じても行われる。また学級活動や学校行事など，特別活動をとおしても行われるし，日々の生徒との触れ合いの機会にも行われる。このように，学校の教育活動すべてが，進路指導の機会となり得るといっても過言ではない。さまざまな機会を通じて，生徒は自らの進路を決定すべく，学習，探索，体験などの活動をくり返しながら，基盤となる自己の能力を育て，進路発達していく。

指導に関しては，それぞれの発達段階に応じた進路発達の各領域（次項参照）をターゲットとするプログラムが事前に作成され，それらを計画に従って実施していくことになるが，突発的に特別の指導が必要になる場合がある。生徒の家庭に問題が生じたり，病気や怪我に陥ったり，社会構造が急激に変化したり，学校で大きな事件が起きたりした場合には，生徒の不安が高まることが予想される。そうした突然の事態に対しては，その都度適切な指導を個別あるいは集団で実施する必要がある。

2 領 域

進路指導は，以下の六つの領域に整理することができる。
①教員の生徒理解と生徒の自己理解，②進路情報の提示，③啓発的経験，④相談活動，⑤進路に関する具体的，実践的な援助，⑥追指導。

■教員の生徒理解と生徒の自己理解

　当たり前のことだが，人はそれぞれ，自分が置かれた環境や能力，性格，適性が異なるものである。生徒はそれぞれ違った家庭に生まれ，異なった環境の中で育ちながら，それぞれの性質と能力を育んできた。その結果，一人一人が個性を持ち，固有の性格を持ち，独自の適性を有するに至っている。

　進路指導にあたって教員は，生徒のこうした個性に関する情報を把握し，最も効果的な指導方法をそのつど生徒一人一人について考え，それに基づいて指導することが理想である。ただ現実問題として，学校には生徒の個性に応じた独自の進路指導計画を立案するまでの余裕はない。しかし，生徒を集団としてではなく個としてとらえ，一人一人の生徒情報を把握し，指導のアウトプット，たとえば進路相談に際してのアドバイスなどに活用することで，それぞれの生徒に適した丁寧な進路指導が可能になる。そこで教員は，自らが担当する生徒一人一人の個別情報を常日頃から収集し，把握しておく必要がある。

　具体的な個別情報のために，小竹(1988)の挙げる項目を以下に記す。

①心理的・身体的事実に関する資料
　　A　能力・適性などに関するもの
　　　知能
　　　学力
　　　適性
　　　興味・関心
　　　意欲
　　　性格的特性・行動傾向
　　　職業観・人生観
　　　身体的特徴・体力
　　　健康状態
　　B　進路発達の程度などに関するもの

将来の進路に対する関心度
　　自己の能力・適性などの理解度
　　進路情報の知識と理解度
　　職業価値観の成熟度
　　進路希望・計画の明確度と実現性
　　進路選択の主体性
　　将来の生活への進歩・適応性
②社会的事実に関する資料
　　A　家庭環境に関するもの
　　　生徒への保護者の期待
　　　保護者の教育態度
　　　生徒に及ぼす家庭の影響
　　B　その他の環境に関するもの

　また生徒は，青年期の前期から中期に当たる発達段階にある。日々成長し，短期間で内面も外面も大きく変化する可能性を有している。進路指導にあたっては，こうした生徒の変化に対しても，敏感である必要がある。

　進路指導のための生徒理解の方法としては，面接や観察による方法以外に，さまざまな検査を用いた方法も重要である。知能検査や性格検査のように，教育全般で用いられる検査は，ある一定の特性を理解するのに有効である。他に進路指導の目的に特化した，生徒理解のための検査である，職業適性検査，進路適性検査，興味検査なども開発されている。こうした検査の結果は，教員の生徒理解につながる一方で，生徒が自分を理解するためにも重要な，客観的指標を示してくれる。ただ，これは検査の活用全般にいえることだが，結果によってわかることの限界，調査の信頼性・妥当性を踏まえた上で，慎重に結果を分析しなければならない。

　生徒が自分自身を理解することは，進路を選択するためのとても重要

な前提である。教員は，生徒に自己理解のヒントを与えるとともに，自分について考える機会を十分与える必要がある。

「自分探し」の時期にある中学・高校生にとって，自分はいったい何者か，十分に理解していることは稀であろう。そのため，青年は自分自身に強い関心を持ち，自分を見つめ続けつつ，自己を確立していく。現時点での自分を理解することは，進路に関するさまざまな悩みを解決する上でも重要である。というのは，将来どのような方向に進んでいくことになろうと，今の自分というのは，360度全方向に広がる空間の原点ともいえるものだからである。まずは原点の座標を明確にすること。それができてこそ初めて，自分の進路についてあれこれと思いをめぐらすことができる。

ただし，発達の速度は人それぞれである。早い時期にこうした課題に取り組み，すでに一定の自己理解に到達している者もいる。逆に，こうした課題を先送りして，自分とは何かという疑問そのものを感じたことがない，という者もいるだろう。このように，生徒一人一人の自己理解の度合いはまちまちであるが，中学高校段階の生徒は，少なくとも自ら「自分探し」の端緒につき，青年期の発達課題に取り組み始める必要がある。

そこで教員は，面接や観察，検査をとおして理解した内容を，その生徒の自己理解にも活かせるように，生徒に伝える必要がある。生徒が十分内容を理解できるように，発達段階や能力に留意しながら，丁寧に伝えなければならない。また，一般に自己理解と他者による理解とは，一致しないものである。教員の理解した内容を生徒に伝える際，それを押しつけるようなことはタブーである。他人の目にはこのように映るという現実と，検査等で得られた客観的な結果を示すことで，生徒が自己理解への関心を高め，よりよい理解を目指して進んでいけるように援助する，という姿勢が望ましい。

■進路情報の提示

　進路に関する情報は実に幅広いものである。以下，就職と進学とに大別して記述する。

　就職に関するものとしては，全体的な政治・経済・国際情勢，産業社会全体あるいは産業分野別の状況，具体的な就職希望企業・事業所の事情など，さまざまなレベルの情報を集める必要がある。マクロレベルの広範な社会状況に関する情報については他書に譲るが，実際に知っておくことが望ましい情報や手続きは，以下のようなものである。

　　○求人情報の種類　　○応募の手続き　　○試験から採用までの流れ
　　○ハローワークの機能　　○就職試験対策一般　　○その他

　また，具体的な希望先企業についての情報としては，以下のようなものが挙げられる。

　　○企業の経歴　　○業容　　○社風　　○関連企業　　○メイン・バンク
　　○業績　　○株価　　○従業員数　　○経営陣　　○給与・賞与　　○勤務地
　　○福利厚生　　○昇進可能性　　○企業が従業員に求める資質　　○卒業生の過去の就職実績　　○その他

　なお，これらの情報は，最新の単年度の情報を得るだけでなく，数年あるいはもっと長い幅でどのように変化しているのか，時系列で把握する必要がある。それによって，その企業の将来の見通しが見えてくるからである。

　また，こうした情報は通常，会社四季報などの会社データブックやインターネットのホームページ，広報資料，新聞記事など，公開された企業情報を中心に得ることになるが，それだけですべてを得ることは不可能であり，実際には社員と直接会って情報を得たり，非公開の未確認情報から推測したりせざるを得ない。そうした情報については信頼性も考慮しながら，慎重に判断することが求められる。

　上級学校への進学に関する情報としては，以下のようなものが考えられる。

○学校の環境（所在地，施設）　○特色・校風　○教育目標や理念　○学部・学科　○全日制・定時制・通信制など課程別特徴　○教育内容（授業科目と内容・教員構成）　○入学試験（試験科目・難易度）　○入学資格　○進路（卒業後の進路，著名な卒業生）　○費用（入学金・学費・施設費・積立金など）　○その他

　こうした情報については，学校から出される正規の募集要項やパンフレット類，出版されている学校案内，予備校が発行する冊子など，さまざまな媒体から得ることができるが，そうした印刷情報に頼るだけで十分とはいえない。近年は多くの大学や専門学校がオープン・キャンパスを実施して，受験希望者に体験入学の機会を提供しているので，実際に足を運んでその学校を肌で感じ，たとえば学校の雰囲気のような，文字に表せない情報を得ることも大切である。また，その学校に通う自校の卒業生と会って話を聴き，内部の者にしかわからない情報を得られれば，学校選択に当たっての貴重な資料となるであろう。

　情報提供の方法は，個人のニーズに合った情報を提供するのならば，面談をとおして個別に伝えることで，生徒からのさらなる質問にも対応することができる。その進路を希望する者全体に伝えるべき情報は，希望者別説明会を開いて提供する。一般的な情報を提供するためには，学級活動や学年単位での説明会や講演会，あるいは定期的に発行する「進路だより」のような印刷物を活用することも有効である。

　ただし指導の基本姿勢としては，生徒の求めに応じて情報を提供するというよりも，生徒の情報探索・活用能力を育成するよう，必要な情報はどうしたら得られるか，どう活用できるかを，生徒自ら体験的に身につけさせることが望ましい。

■啓発的経験

　進路選択にあたって，いろいろな情報を得てそれを活用することは大切だが，そうした知識のみで十分とはいえない。生徒が自分自身の身体

を用いて，自ら動き，感じることで，感覚的情緒的にさまざまな体験を得て学ぶことができる。そうした経験は，具体的で現実に即した「生きた」知識となるし，それをとおして自己理解を深めることができる。啓発的な経験は，将来の自分の生き方，キャリアを考える上での大きな財産となる。

かつて子どもたちは日常生活の中で，さまざまな「働く」体験をしていた。家庭で，家業の手伝いや，お年寄りの世話，年少の弟妹の面倒を見ることは，多くの場合子どもたちに期待される役割であった。家から外に目を向けると，路地の清掃，冠婚葬祭の準備や片づけというような，地域の奉仕活動があった。子どもたちはさまざまな労働体験をとおして，自分と地域社会とのつながりを感じ，将来そこで働く自分をイメージすることができた。しかし，少子化と核家族化，希薄な地域社会意識，治安の低下とそれにともなう社会不安の増大によって，こうした社会参加活動の場は大幅に制限されるようになった。そして，上級学校に進学するという近視眼的な視点に基づき，子どもたちに期待されるのは勉強のみとなり，子どもたちは労働から，地域から，将来から，切り離された存在となってしまったのである。

こうした状況を踏まえ，学校は進路指導として，生徒に自分の生き方を考えさせるよう啓発する経験の重要さを教えるとともに，実際に生徒に対して，学校の内外で幅広い経験を用意する必要が生じている。啓発的経験の機会を与える具体的な指導内容としては，以下のようなものが考えられる。

①日常的な経験に関しての指導
　○啓発的経験の大切さの指導　○ボランティアの意味の指導　○保護者への啓蒙　○道徳指導
②学校内での指導
　○「生き方」に関する講演会　○クラス内ディスカッション　○ディベート　○清掃活動　○動植物の世話　○委員会活動　○クラブ

活動
③学校外での指導
　○産業施設見学　○福祉施設見学　○幼稚園見学　○職業人インタビュー　○卒業生インタビュー　○職場訪問　○就業体験／インターンシップ　○ボランティア活動　○地域清掃　○芸術鑑賞／体験

■相談活動
　進路指導としての進路相談は，単に進路決定をどうすればいいかといった悩みに対応するだけでなく，進路にまつわるさまざまな内容をテーマとする相談活動である。家族との関係，友人との問題，性格，進路を決定するために必要な能力全般にかかわることなど，相談内容は多岐にわたる。
　教育相談一般，あるいは心理療法とも共通することであるが，相談を受けた教員は，安易な解答を与えないよう，注意が必要である。もちろん，生徒が必要とするアドバイスを与えることが有効な場合もあるし，事実，そうした情報提供を目的とする相談も多い。しかし，生徒の自主性を育てる貴重な機会ということを考えるならば，教員が与えるアドバイスはあくまでも最低限にとどめ，生徒が自ら情報を得る努力をしたり，決断したりすることにつながる援助を心がけることが望ましい。
　生徒は悩むことを通じて，さまざまなことを深く考える機会を得る。また教員との相談を通じて，最終的に自分で解決法を見つけることに成功すれば，それが自信につながり，今後進路に関する問題が再び浮上してきた時にも，他者の援助を活用しつつ，自らの責任において問題解決をはかることができる。このように，進路のことで悩むという経験を成長に活かすことも，進路相談の大きな役割である。

■進路に関する具体的，実践的な援助
　実際の進路を決定するための具体的な援助としては，就職援助と進学

援助とが考えられる。いわゆる「出口指導」といわれるもので，卒業学年の生徒一人一人に，卒業後どこでどう働くか，学ぶかを，主体的に決定させるための具体的な援助のことである。就職にしろ，高等教育機関への進学にしろ，こうした指導は，実は単なる出口の指導ではあり得ない。それどころか，その生徒のキャリアをどこからスタートさせるかという「入口指導」なのである。生徒は大学で，あるいは最初に就職した事業所で，自ら定めたキャリアに向かってその一歩を踏み出す。最初の一歩は，自分の将来の方向性を決定するような，大切な歩みなのである。こうした最初の選択を安易に行ってしまうと，その生徒はスタート段階でつまずく可能性が増し，社会への適応や職業人としての生活そのものから逃避してしまうことにつながりかねない。そのため教員は，生徒がこうした大切な最初の進路選択を，その後のキャリア計画を念頭に置いて，しっかりと考えた上でできるような援助を心がけなければならない。

とくに大学進学の場合は，一般に自分の偏差値によって，進学したい大学を先に決める生徒が多いという現状がある。極論すれば，その大学に入学できるならばどんな学部でもいい，というような考え方である。しかし，大学はあくまで専門教育を行うところであり，このような大学選びは，将来にわたる進路を考えるという本来の進路指導の観点からすると，明らかに歪んだ考え方である。「いい大学」は出たけれど，その後何をしていいかわからないという，大変困った状況に陥ってしまいかねない。その意味でも，中等教育までの段階で，少なくとも将来の方向性について考え，それに基づいた大学選びをできるようにする必要がある。

とはいえ，実際に生徒が希望する進路へと進むためには，乗り越えなければならない入学・就職試験がある。そうした試験対策は，計画的に実施する必要がある。年間計画を作成・配布して，時期に応じて生徒が何をすべきか，早めに示しておく必要がある。また試験準備として，進学ならば学習を，就職ならば一般教養に関する学習とエントリーシート

の作成を，それぞれ生徒がゆとりあるスケジュールでできるよう指導したい。模擬試験も適宜行う必要があるし，面接を実施する試験を控えた生徒に対しては，模擬面接を行って，礼儀や服装，姿勢，言葉遣いなど，具体的な改善点を指導することも大切である。試験に臨む際の心得のような，実際的な指導も必要となる。

■追指導

　進路指導の結果，生徒を上級学校や就職先に進ませて，それで終わりというのではない。卒業した元生徒たちが，新しい生活の中で適応し，自分のキャリアを高めていけるよう，指導を行う必要がある場合がある。追指導は，予防的指導と，対症療法的指導とに分けることができる。
　予防的指導はたとえば，卒業生全員を対象に，卒業後定期的にあるいは随時，適応のための指導を行ったり，在学時から卒業後の不適応が予測される生徒たちに対して，卒業間近の時点から特別指導を行ったりすることが考えられる。対症療法的指導は，進学・就職先で実際に不適応を起こしたり，トラブルに巻き込まれたりした卒業生に，相談活動などを通じて指導援助する方法が挙げられる。いずれの目的も，新しい生活への適応である。さらに一歩進めて，キャリアアップを目的とした追指導も可能である。ただし，生徒たちが不本意な進路選択をしていないことが前提でなければ，卒業後の指導が本来の意味をなさず，追指導どころか，新たな進路を求めてのゼロからの進路指導などということにもなりかねない。その意味でも，生徒に対する進路指導は，在学中からしっかりと将来を見据えたものである必要がある。
　また追指導を，在学中の進路指導のフォローアップの機会としてとらえ，卒業生の実態を把握して指導の効果測定を行うことも，重要な意味を持つ。追指導を通じて得られた情報を分析し，改善すべき点が明らかになれば，その後の生徒への進路指導に際して，改善する必要がある。
　指導の方法としては，直接会って話をする面談法，複数の卒業生を集

めてその様子を見る観察法，質問紙を郵送して回答してもらう調査法などが代表的である。その他，電話や電子メールを用いた方法も考えられる。

第3節　組織と計画

1　学校における基本図式

　進路指導は，学校における教育目標と無関係に行うことはできない。学校教育という大きな流れの中の重要な一部をなすものとして，組織に明確に位置づける必要がある。

　まず学校組織として，自校における進路指導の意義について，きちんと考えておくことが重要である。多くの学校では，進路指導の中心的役割を果たすのは，進路指導部などの担当部門ということになる。もちろん，進路指導にかかわる分掌だけが進路指導を行うのではないが，その中心となる進路指導担当部門をどういう位置づけとするかは，その学校が持つ進路指導についての考えを，結果的に表すことになる。たとえば，進路指導担当部門を独立した部門として位置づけ，その下に各学年の分科会を有するような学校では，進路指導を全校で推進すべき重要な教育活動としてとらえていることを形で示すことになる。一方，進路指導をその他の分掌とともに生徒指導部の中の一つの係として位置づけるような学校もある。その場合，進路指導は組織図上，生徒指導の中の一活動という位置づけであり，全校で組織的に進路に関する指導をしていく，という姿勢が明確になりにくい。

　もちろん校内組織図は，実際各学校の情況に応じて作成されており，進路指導に関しても，一般にどのような組織上の位置づけが望ましいか

は一概にいえない。しかし，定義に忠実であるならば，進路指導が，生徒の自主性を伸ばし，キャリアを作り上げていくための，その後の人生全般にかかわる重要な指導であることを体現するように，きちんと位置づけておくことが望ましい。

2 進路指導担当部門の役割

　進路指導は，すべての教員がさまざまな教育機会を用いて継続的計画的に行う，学校を挙げての重要な指導である。進路指導担当部門は，こうした進路指導のコントロール機能を果たす組織である。具体的には，計画立案，管理運営，調整，計画遂行，効果測定などの役割を果たすことになる。以下，それぞれについて見ていくこととする。

■計画立案

　進路指導は，中学・高等学校ならば，3年単位の長期計画，学年ごと，学期や月ごとの中期計画，指導プログラムごとの短期計画というように，それぞれの時間単位に応じて計画する必要がある。進路指導部は，こうした長期から短期にいたるさまざまな視点から，それぞれの時期に必要と思われる計画を策定する。また，進路指導担当部門主導の行事を計画するだけでなく，各教科指導や既存の行事など教育活動も，進路指導の一つとして活用するよう努力することが望ましい。そうすることによって，さまざまな教育活動が有機的に連関して，進路指導という重要な活動を，系統的継続的に行うことが可能となる。

■管理運営

　先に述べたとおり，全教員があらゆる教育活動の中で，進路指導という視点を持ちながら行うことが理想である。道徳教育と各教科指導，学級（ホームルーム）活動や生徒会活動，行事などの特別活動も，進路指

導の重要な機会となる。したがって進路指導部は，各教科の担当，学級担任，それぞれの特別活動の担当者と連携を密にした上で，各教育内容の進路指導的な側面に注目し，それぞれの内容が進路指導としても一層効果的なものとなるように，適宜連絡会等を開いて，必要な提案をしたり，協力を仰いだりする必要がある。

同時に進路指導担当部門は，全教員が一丸となって効果的に進路指導を行うことができるよう，教員研修を実施する必要がある。研修の内容として考えられる内容は，進路指導の理念の確認，指導方法の実際，進路情報の研究と共有，施設の見学など，多岐にわたる。

また，生徒への進路情報提供や進路相談を実際にすることになる進路指導室を整備し，積極的に活用して，学校における進路指導を活性化することが望ましい。進路指導室では，必要な時に生徒が情報を閲覧できるよう，進路先に関する各種情報や，卒業生の体験談，進路統計などを管理するが，その運営は進路指導担当部門が責任を持って行うことになる。

■調 整

校外で行う進路指導プログラムや，校内に外部の方（事業所・大学・行政・予備校関係者，文化人，卒業生など）を招いて行うプログラムに際しては，その前段階から，実施にあたっての外部関係者との折衝や連絡といった業務が必要になる。

進路先にあたる学校や事業所とは，卒業生を進学・就職させるという単年度の関係にとどまることなく，継続して受け入れ先となってくれるよう，日頃から良好な関係を築いておく必要がある。また，新たな進路先の開拓も重要である。そうした連携の機会に，進路先の現状を観察したり，卒業生のその後について情報を得たり，指導についての希望を聞いたりすることも大切である。

生徒が進路を決定するにあたっては，いろいろな面で，家族の考え方

が影響を与える。家族によって用意されるさまざまな啓発的経験は，子どもたちの将来像を形成する上で，大変重要な要因となるであろう。ただし，すべてがいい方向に作用するわけではない。偏差値重視の保護者は，今もいい大学へ，いい会社へという，旧態然とした進路観を持つかもしれない。生徒にとっては，重要な他者である家族の思いもしっかりと受け止め，それも念頭に置いた上で，自分でよく考えて進路を主体的に選択することが，望ましい姿勢といえよう。生徒がこうした進路決定をできるように，教員は進路指導の意義について，折に触れ保護者を啓蒙し，理解を求めなければならない。保護者対象の進路説明会や，保護者と生徒との三者面談など，定期的に行われる活動も重要であるが，日常的に保護者と密接に連絡を取っていく中で，子どもの進路についても話題にするなどの活動を心がけることも大切であろう。

■プログラム遂行の現場監督

　進路指導担当部門は，計画の立案や調整といった裏方の作業をするだけでなく，実際のプログラムを遂行する現場監督としての働きもしなければならない。実際にそれぞれのプログラムを実施するのは，すべての教員ということになるし，最終的な責任を負うのは学校管理者ということになるが，ただ実際にそうした活動を現場で仕切るのは，進路指導担当部門の教員ということになる。担当者は，プログラム当日，教員の役割分担を決め，指示し，不測の事態には適切に対処しなければならない。当然，自ら積極的に働く必要もあるため，フットワークのよい柔軟性が求められる。

■各種調査

　実際のプログラムのほかに，進路指導担当部門は，いろいろな調査を企画実施し，集計分析を行って，より効果的な進路指導のために活用することが求められる。まず，生徒の進路選択状況についての調査が挙げ

られる。いろいろな時期に行う進路希望調査は，行われる時期によってどの程度までの希望を聞くかはさまざまであるが，こうした調査を通じて，生徒一人一人の希望に応じた指導をすることができる。毎年決まった時期に行うことで，年度ごとの比較もすることができる。また，個別面接を通じて得られた個々の生徒のより詳細な希望も，面接を担当した教員から進路指導担当部門に情報として集めることで，情報の一元管理をすることができる。

　生徒にとっても，こうした調査は進路学習のよい機会となる。生徒は調査に応じるために，進路についてよく考え，その時点での答えを出す必要が生じる。そうした機会を複数得ることで，よりよい進路決定へとつなげていくことができる。

　また，実際の進路についての結果情報も，進路指導担当部門で収集し，管理しておく必要がある。進路データは，進路指導の効果を測定する上で最重要データであり，単にどこに進学・就職したというだけでなく，生徒個々から聞き取った詳細な情報（進路としての希望順位，単願／併願，合格／補欠，合格時期，試験内容等）も蓄積して，翌年度以降の指導の資料としておきたい。このように，毎年資料を蓄積することで，より実用性の高いデータベースを作成することができる。

3　計画的対応

　進路指導は，場当たり的なものであってはならない。先に述べた定義にもあったように，組織的・継続的に指導援助するには，その校種の児童生徒の発達段階に応じた計画を前もって立て，それに従ってすべての教員がさまざまな教育活動の中で指導していく必要がある。計画立案に当たっては，その学校固有の事情を考慮することが求められる。具体的には，以下のような内容が考慮される。

　　　○学校の教育目標　　○学校の歴史　　○過去の卒業生の進路　　○管理

職の考え方　○教職員の陣容　○地域の事情　○生徒の様子　○保護者の考え方

　進路指導のプログラムの中には，進路の指導だけを単一の目的として行われるものもあるが，どちらかといえばそうしたプログラムは少数派である。指導内容の多くは，それぞれの教科や総合学習，道徳教育，学級（ホームルーム）活動，行事，生徒会活動，クラブ活動など，さまざまな教育活動を通じて，複数の目的の下に行われるものである。そうした活動ごとに立てられる計画とも整合性を持つよう，それぞれの連関についても計画的に準備しておく必要がある。

第4節　進め方

1　指導計画

　進路指導の計画についてふれる前に，現代の中学高校生の進路意識に見られる問題点を以下に紹介する（若松，2000）。
　①進路選択に先立つ学習や情報収集の必要性を感じていない生徒が多い
　②進路や将来のことへの興味が低い生徒が多い
　③希望進路を自覚できている生徒も現実性の検討や課題の認識が甘い
　問題のレベルはさまざまであるが，いずれも進路選択の障害となり得る大きな問題であり，綿密な進路指導計画をじっくりと進めていく必要性を物語る。
　さて，進路指導の計画は，長期，中期，短期の各視点から立案することになる。長期計画としては中学高等学校ならば3年間，小学校ならば6年間全体をとおして達成すべき目標を立てる。それを各学年段階でど

のように達成していくかを考え，複数年にわたる進路指導の全体として，どの時点でどんな指導をするか，そのおおまかな計画を立案する。中期計画は，長期計画に基づき，各学年あるいは各学期での目標を達成するために何をするかを計画するが，その際，ある程度具体的な内容にまで踏み込んだ計画を立案する必要がある。そして短期計画は，中期の計画に基づく，より詳細なプログラムごとの実行計画である。それにしたがって生徒は行動し，教員は指導することになるため，綿密に計画を練っておく必要がある。

　長期中期の進路指導計画については，その期に行われる進路教育全体の計画を立案することはもちろんだが，教育活動ごとの計画に進路指導的な視点を反映させるという点にも注意をしなければならない。前者は，学校の教育目標にのっとって，必要と思われる進路指導の各領域をカバーするように，どの段階でどういった活動をするか，そのおおまかな流れを示すものである。一方後者は，教科ごと，あるいは学級活動，行事といった活動ごとの中長期計画であり，それぞれの活動における進路指導的な意味をしっかりと理解し，それを計画に反映させておく必要がある。実際の指導は，進路指導と，教科指導あるいは特別活動という，やや次元を異にする領域の接点においてなされる。そうした指導の意味を，俯瞰的な立場から明確に位置づけておくことで，生徒に対して過不足のない指導計画が可能になるのである。

　短期の指導計画はそれぞれ，そのプログラムに関する指導の目標を明示し，その指導の結果期待される学習効果についても，前もって検討する必要がある。また，たとえば学外での活動など，指導の内容によっては，中心となる活動の前後に事前・事後の指導が必要になる場合もあるので，そうした指導までも念頭に置いた計画立案が求められる。

　こうした全体的計画を支えるために，下位計画として，生徒への直接の指導に関する計画，教員の活動に関する計画（管理運営や事務処理，研修など），外部への働きかけに関する計画（校外活動準備，進路先と

の連携，保護者対応など）と，おおまかに三つの計画を立案することも，広く行われている。

表3-1は，全日制の京都府立高等学校41校の，「ロング・ホームルーム年間指導計画」に見られる進路指導の実際である。学年次の月別に，複数の学校で指導された内容と，進路指導が行われた校数とが記されている（京都府総合教育センター，1999）。また表3-2は，高等学校3年次における進路指導計画の例である。進学希望者，就職希望者ごとに，

■表3-1■ 1998年度「ロング・ホームルーム年間指導計画」に見られる，学年月次別の共通する進路指導内容と進路指導数（全日制京都府立高等学校，41校）

	1年		2年		3年	
	多い項目	進路学習計画学習数	多い項目	進路学習計画学習数	多い項目	進路学習計画学習数
4月	進路希望調査	11	進路希望調査	15	進路希望調査	23
5月	進路適性検査	23	進路希望調査	23	進路別説明会	31
6月	カリキュラム登録説明	34	カリキュラム登録説明	29	進路別説明会	26
7月	カリキュラム登録説明	19	カリキュラム登録説明	11	書類・面接等指導	13
9月	カリキュラム登録	20	カリキュラム登録	20		23
10月	カリキュラム登録	28	進路別進路学習	25		19
11月		21	進路別進路学習	32		13
12月		8		9		7
1月		9	進路希望調査	9		8
2月		25	進路別説明会	24		3
3月		6		7		
備考	教育実習の体験談（6月） 卒業生講話　　　（9月） ボランティア　　（9月） 提言コンテスト　（11月） 進路講演会　　　（2月） 産業社会発表会　（2月）		卒業生講話　（5・6月） 担任講話　　　　（7月） 体験学習1.2.3　（7月） 進路別見学会　　（10月） 卒業生講話　　　（3月）		進路講演会　　　（5月） 講話・討論（あり方生き方）（5・6・10・12月） 教育実習生の体験談 　　　　　　　　（6月） 会社見学　　　　（7月） 体験学習　　　　（7月）	

■表3-2■　高等学校3年次における進路指導計画（例）

	進学希望者	就職希望者
4月	毎日の学習計画立案 志望校調査開始 データ収集開始	勤労観の確認 公務員模擬試験（以後7月まで毎月実施）
5月	進学希望先のパンフレット配布開始 一般・推薦入試の調査 大学・短大説明会	企業研究（求人票の見方） 就職説明会
6月	校種別進学相談会 専門学校説明会	
7月	センター試験説明会① 推薦入試説明会 推薦希望票配布	一般企業求人票の公開
8月	夏期講習 大学・短大の募集要項配布開始	入社試験対策（作文・面接）
9月	センター試験説明会② 指定校推薦発表 推薦希望票提出 面談期間	一般企業入社試験 一般企業合否発表 公務員一次試験開始
10月	専門学校推薦試験開始 推薦者決定 志望校決定 模擬面接指導開始 センター試験出願 募集要項書店にて購入	公務員二次試験対策（面接） 公務員二次試験開始
11月	大学・短大推薦試験 センター試験確認ハガキ到着	公務員試験合格者発表
12月	冬期講習 志望校の最終決定	
1月	大学・短大出願開始 センター試験	社会人としての心得の指導
2月	自宅学習開始 大学・短大入試 大学・短大合格発表	
3月	大学・短大二部入試 大学・短大二部合格発表	

毎月さまざまな指導内容が計画されていることがわかる。

2　進路学習

　進路に関する学習は，学習指導要領において，指導時数が明示されていない。授業時間数全体が減少する教育現場の状況にあって，進路学習の時間を十分にとることがむずかしくなっており，その少ない学習の時間も，進学指導や就職指導といったいわゆる出口指導にあてられることが多い。しかし進路指導の理念からいうと，進路学習は，生徒が進路を自ら選択・決定できるようになるために必要な，各種能力の育成に焦点を当てる必要がある。

　こうした能力については，さまざまな考え方がなされているが，一例として職業教育・進路指導研究会（1998）の，小学校から高校に至る進路指導プログラムのための四つの能力とその下位分類を，以下に挙げる。

①キャリア設計能力
・生活上の役割把握能力
・仕事における役割認識能力
・キャリア設計の必要性及び過程理解能力
②キャリア情報探索・活用能力
・啓発的経験への取り組み能力
・キャリア情報活用能力
・学業と職業を関連づける能力
・キャリアの社会的機能理解能力
③意思決定能力
・意思決定能力
・生き方選択能力
・課題解決・自己実現能力
④人間関係能力

・自己理解・人間尊重能力
・人間関係形成能力

3　進路相談

　進路相談については別項ですでに述べたが，ここでは進路相談のさまざまな視点からの分類について紹介する。

■機会別
　・定期相談
　・チャンス相談
　・呼び出し相談
　・自発的来談による相談

　どのような機会に進路相談を行うか，その機会別に分類することができる。定期相談は，指導計画の中に織り込んでおく必要があるが，それ以外の相談は，偶然や，何か特別な事情が生じた時，あるいは生徒が必要を感じた時などに，行うことになる。

■内容別
　・情報収集と整理
　・自己理解，適性・性格把握
　・家族問題
　・キャリアへの関心を高める
　・進路選択結果の確認
　・その他

　内容別に相談を分類することもできる。進路希望先に関する情報の収集や整理のため，生徒が相談に訪れることは多いが，生徒の自主性を損ねないよう，単に情報を提供してよしとするような対応は，避けるべき

である。進路を考えるにあたって，自分への関心を深め，自己理解のための相談が寄せられることも多い。こうした相談には，悩み考えることの大切さを伝え，傾聴して生徒を受け止めるよう心がけたい。また進路の選択に関して，保護者との意見が合わず，悩む生徒もいる。まずは生徒の思いを受容し，その上で必要に応じて，保護者も同席しての面談の場を用意し，冷静に家族間で話し合いができるよう，調整役となることが有効な場合もある。

　また，卒業後どうしたらいいかわからない，あるいは，卒業後の具体的なイメージがわかない，といった生徒に対しては，キャリア意識を高めるよう，人間の生きがいについて，あるいは社会と個人とのかかわりについて指導するなど，能力開発的なかかわりをとおして成長を促すような相談が望ましい。

　自分の選択に自信を持てない生徒も相談に訪れる。今の時点で自分にできる最適の決断をしたかどうか確認した上で，完璧な決断はないことに気づかせることができれば，その相談は生徒にとって役に立つ援助となるであろう。

　ただし，そうした悩みが深刻であり，進路指導担当教員の対応できる範囲を超えていると判断された場合には，スクール・カウンセラーや養護教諭，あるいは外部専門機関の援助を仰ぐ必要も生じる。適切な相談者・相談機関を紹介することも，広義の相談活動に含まれる重要な役割である。

■相談の基礎となる理論別
　・特性因子モデル
　・発達モデル
　・パーソン・センタード・モデル
　・精神力動モデル
　・行動療法モデル

・ブリーフ・セラピー・モデル
・総合的進路相談

　相談の基礎となる理論はさまざまである。職業選択理論は，主として「個人の特性と職業の求める特性は（中略）一致させることが望ましい」とする特性因子モデルと，「職業に関わる経験を取り込みながら，時間とともに発達的に変化し，適応していくと仮定」する発達モデルとに大別される（中野，2001a・b）。前者に沿うならば，自分の適性に合った職業を考えるための援助ということになるだろうし，また後者に沿うならば，学業・キャリア・社会適応のための能力を開発していくようなかかわりということになる。

　また，相談を受ける側が拠って立つ，人間理解の方法とその援助方法を含めた学派ということで分類するならば，さらに細かい分類をすることが可能である。ロジャース（Rogers, C.R.）のパーソン・センタード・アプローチに基づき，自己成長力を強調し，受容や共感，自己一致を重視した援助モデル，精神分析理論とその他発達理論を統合して，職業選択を困難にする内的要因――依存性や攻撃性など――を扱うボーディン（Bordin, E.S.）の精神力動モデル，学習理論に基づき，スモール・ステップの原則に従って課題の段階的達成をはかる行動療法モデル，そしてミルトン・エリクソン（Erickson, M.H.）を源流とする，短期で効率重視のブリーフ・セラピー・モデルなどに分類される。

　さらに，特定の学派の理論や技術に基づくのではなく，その生徒のニーズに合った最善の方法を選択してかかわる総合的進路相談（Comprehensive Career Counseling）もクライツ（Crites, J.O.）によって提唱されている（野淵，2001）。

● **第 5 節　今日的課題**

1　高等学校における進路指導の実態調査から

　筆者は 2004 年 11 月，自分が高校時代に受けた進路指導について，高校卒業後 5 年以内の大学・短期大学生 300 名（男性 64 名・女性 236 名，大学生 167 名・短大生 133 名）を対象に調査を実施した。大学生は複数にまたがる学部の 1 ～ 4 年次の学生。短大生は幼児教育科学生で，卒業年度の必修科目を受講している最終学年次の学生である。以下，とくに両者を比較の意で用いる時以外は，あわせて「大学」と表記する。

　大学卒業後の進路について，どの程度決めているか，5 段階でたずねた。図 3-1 にその結果を示す。短大生の 9 割以上が「はっきり」「まあ」決めているのに対して，四年制大学生は両者をあわせても 6 割弱という結果になった。前者がすべて最終学年次生であるという対象者の学年が影響していると考えられる。

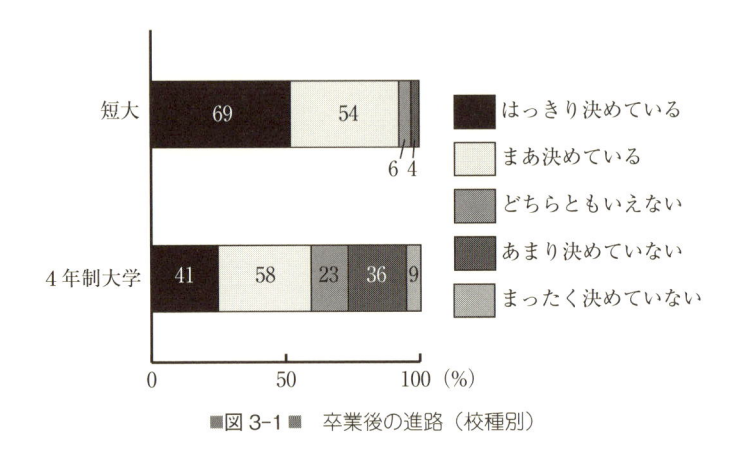

　次に，大学卒業後の進路を「はっきり」「まあ」決めている者 222 名に対して，いつ決めたのかをたずねた。その結果，図 3-2 のように，多

■図 3-1　卒業後の進路（校種別）

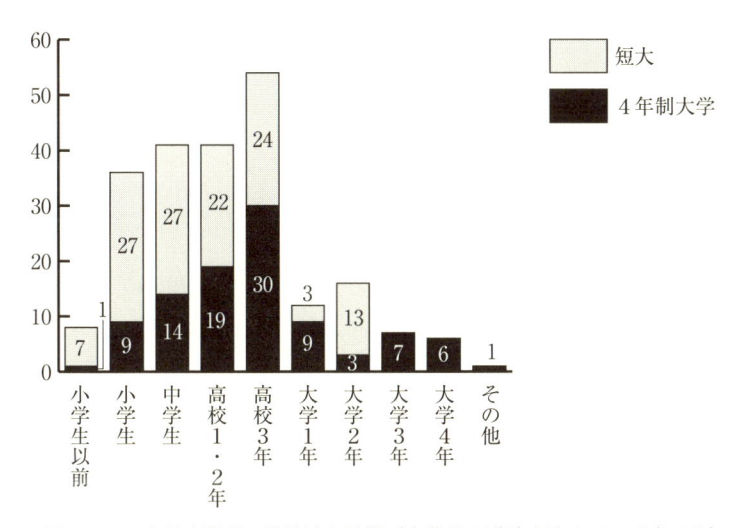

■図3-2■　大学卒業後の進路決定時期（卒業後の進路を決めている者のみ）

くの学生が小学校から高校に至る各段階で，それぞれ進路を決めていた。とりわけ高校3年次の1年間は，あわせて54名（進路決定者の24％）の学生が進路を決めた時期であり，この時期の進路指導の重要性を物語っている。

　さまざまな進路指導の内容を示して，高校時代に受けたものを選択してもらった結果を図3-3にまとめた。受けたと答えた回答が多い順に，進路相談（92％），進路に関する情報提供（77％），模擬面接（49％），卒業生の講話（48％），適性検査（38％），外部講師による講話（34％）となった。その他，ボランティアや職場見学，福祉体験，就業体験など，将来の仕事選択について考える機会となり得る啓発的経験は，いずれも10パーセント台にとどまった。大学受験のために担任あるいは進路指導担当の教員と面談をする進路相談と，大学情報の提供を受けたことのみが過半数であり，進路指導が実際のところ，自分の成績に基づいた進学のための指導，受験指導となっている現状の一端が明らかになった。

　また高校時代の進路指導が，大学への進学を決めるためにどのくらい

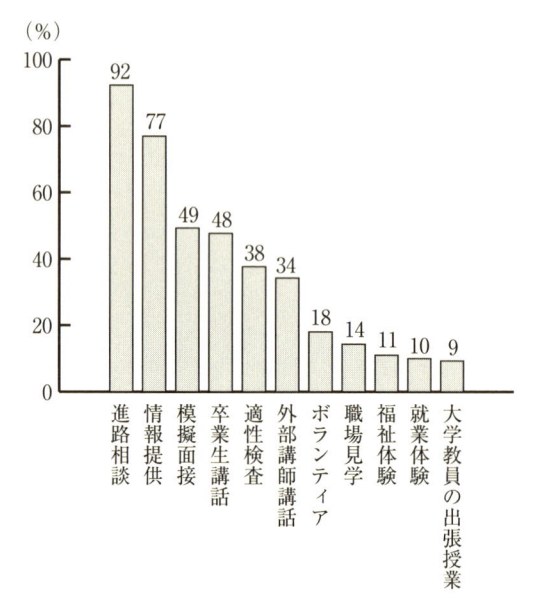

■図 3-3■　高校時代に受けた進路指導

進路相談 92
情報提供 77
模擬面接 49
卒業生講話 48
適性検査 38
外部講師講話 34
職場見学 18
ボランティア 14
福祉体験 11
就業体験 10
大学教員の出張授業 9

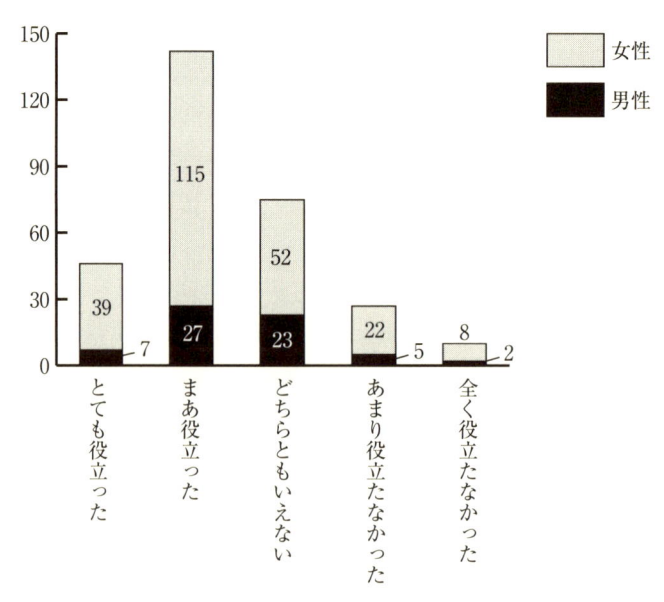

（単位：%）

■図 3-4■　大学進学決定に役立ったか

	女性	男性
とても役立った	39	7
まあ役立った	115	27
どちらともいえない	52	23
あまり役立たなかった	22	5
全く役立たなかった	8	2

役に立ったかを5段階で聞いたところ，図3-4のような「まあ役立った」を頂点とする結果となった。「役立った」者は「とても」と「まあ」をあわせて188名と6割を超え，高校の進路指導が進学指導として，ある程度有効に作用している実態がうかがえる。

一方，高校時代の進路指導が，大学卒業後の進路を決めるためにどのくらい役立ったかについてもたずねた。すでに進路を決めている222名に限定して集計したところ，図3-5のように「どちらともいえない」を頂点とする分布となった。「役立った」者は「とても」「まあ」あわせて87名。「役立たなかった」者は，「あまり」「全く」をあわせて44名。「どちらともいえない」が91名。高校の進路指導は，大学進学ほどには将来のキャリア選択に役立っていないようである。

大学生にとって，自分のキャリアを決めるための重要な時期である高校時代，実際に行われていた指導は進学指導に傾斜したものであり，そ

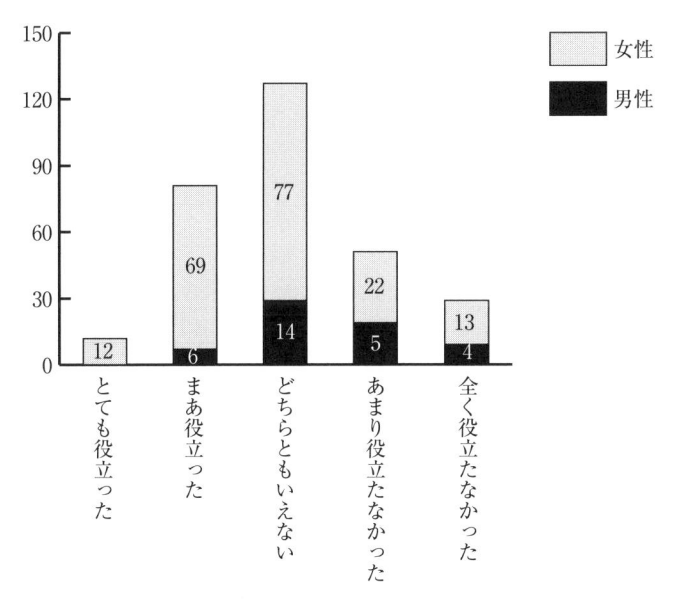

■図3-5■　大学卒業後の進路決定に役立ったか（卒業後の進路を決めている者のみ）

の結果，大学での学業と将来のキャリアとが結びつかない学生を輩出している現状が，本調査からうかがえる。

2 生きがいと将来展望について

　2003年末に，作家の村上龍によって書かれた『13歳のハローワーク』は，不況といわれる出版界にあって，驚異的な売り上げを記録している。村上は13歳の少年少女に向かって，次のように呼びかけている。「この本にある数百の仕事から，あなたの好奇心の対象をさがしてみてください。あなたの好奇心の対象は，いつか具体的な仕事・職業に結びつき，そしてそれが果てしなく広い世界への『入り口』となることでしょう」。この本は，少年少女それぞれの好奇心，すなわち32の「好き」からスタートすると，514の職業へとたどりつくという構成になっている。たとえば「算数・数学が好き」→「金融業界で働く／税理士／公認会計士／アクチュアリー★1／暗号作成者」といったように。教職は，「人の役に立つのが好き」という好奇心からスタートしている。職業の選択基準や各職業の紹介文には，作家の感性の反映があり，客観的な職業紹介の書と断言することはむずかしいが，この本は大ベストセラーとなり，2010年にはさらに89種の新規職業やエッセイ等を加えた改訂版も登場した。また同時期に，「どうすればこの社会を一人で生きのびていけるか，という問いに向き合う」ため，高校，大学，フリースクールから自衛隊に至る進路図ともいえる『13歳の進路』も出版された。旧版が出版されて間もない時点で，同書を全国2500校もの学校が購入したという事実★2は，ある意味，現在学校で行われている進路指導の限界と課題を示しているようで興味深い。すなわち，全国の学校現場で行われている進路指導は，子ども自身のこころ——希望や意欲——を置き去りにしているのではないか，という問題である。これでは，少年少女たちは生きがいを感じられるような将来展望を育てることはできない。他なら

ぬ学校現場自身が，そのことを敏感に感じとり，こうした書物に頼るという事態が生じているのかもしれない。

　バブル崩壊後の日本社会は，以前の高度経済成長期のような右肩上がりの経済発展が望める時代ではなくなった。終身雇用制を前提とした，いい大学からいい会社へ，というエリート志向は，もはや過去のものとなりつつある。スポットの当たる花形業種も，業績のよい優良企業も，将来の成長どころか職の安定すら保証の限りではなく，雇用形態は多様化・流動化し，従業員は常にリストラという名の人員整理の可能性と隣り合わせの状況である。そうした先行き不透明な時代の荒波の中を，若い生徒たちは漕ぎ出でて，自らのキャリアを形成していかなければならない。もはや従来型の高学歴者＝リーダー予備軍，という構図は崩れ，代わって創意工夫に満ちた柔軟な考えのできるユニークな人材が，企業から求められるようになりつつある。初等中等教育の段階で「生きる力」の育成に力を入れる教育制度の変化も，結果的にはこうした社会の要請に応えるものである。かつては受験戦争の中で埋没してしまいがちだった子どもたちの個性を，教育の現場できちんと把握し，伸長させるシステムを作り上げることができれば，次代を担うリーダーを育てる可能性は格段に増すことになる。

　とはいえ，誰もが社会で成功する個性と能力を持ちえているわけではない。これからの人生目標は，自分に固有のキャリアを決定し，それを生きることをとおして，社会の中で個性と能力を発揮するというような，すべての人が達成可能な設定の仕方が望ましい。子どもたちは，自らの個性や興味関心に合致したキャリア計画を立てることで，生きる力を強めることができるであろうし，将来への展望を持つことができる。生きがいを感じることができる。皆がそうした生きがいを持てる社会こそが，真に豊かな社会といえるのではなかろうか。

　学校はこうした社会の実現に向けて，キャリア教育という観点から，さまざまな教育活動を通じて，生徒が自らの進路選択計画を立案できる

よう努力していく必要がある。同時に産業界も,社会とかかわりを持てる健全な子どもを育てるという意味でも,社会のニーズに合った望ましい人材を育てるという意味でも,学校としっかり連携を取りながら,若者のキャリア意識を高めるよう,積極的に協力していく必要がある。

実際,こうした産学協同の動きは各所で進んでおり,就業体験／インターンシップを行う学校も,受け入れる企業も,増加の一途をたどっている。たとえば国立教育政策研究所(2003)によると,2002年度の公立中学校における職場体験の実施状況は,実施率86.9％であった。前年度の80.5％という数値と比べ,大きく増加している。また文部科学省(2004a)によれば,公立高等学校でのインターンシップ実施学科数及び実施率も年々増加しており,2002年度が2460学科,47.1％,2003年度は2775学科,52.5％とのことである。こうした指導プログラムは今後もますます増加し,生徒の生きがいにつながる職業選択の可能性を高めることが期待されている。

3 予防・開発的指導としてのキャリア教育

キャリア意識を持てず,進路の計画や選択をできない若者にとって,社会はとてもつらい場所になる。英国では"Not in Employment, Education, or Training(学生でも訓練生でもない無業者)"の頭文字を取ってニート(NEET)の名で呼ばれ,16～18歳の9％が毎年ニートになっているとの報告書が内閣府から出されて,深刻な社会問題となっている。日本でも,こうした若者の存在は社会的に大きな問題となっている。「2004年版労働経済の分析」(労働経済白書)によれば,求職活動していない非労働力人口のうち,学校を卒業した後,進学も結婚もしていない15～34歳の「若年無業者」は,前年比4万人増の52万人に上ると試算している。玄田ら(2004)は「25歳未満に限っても2002年で30万人いる。1998年から3倍に増えた。こうしたニートの多くは,

就業支援すら受けようとしない可能性が高い」と報告している。

　文部科学省の「平成16年度学校基本調査速報」（2004b）によれば，高校卒業後，進学も就職もしていない者は，卒業生123万5000人中9万3000人，7.5％。その中には家事手伝いや，外国の大学へ入学した者なども含むとはいえ，英国で毎年ニートになる比率9％という数字と近いデータである。また高校卒業以前の段階でドロップアウトしてしまう，高校中途退学者の問題も深刻である。これも文部科学省の「生徒指導上の諸問題の現状について」によれば，中退率は2002年度，2003年度と，連続して前年を下回り，2％台前半で推移しているが，それでも毎年8万人以上の退学者がいる。2004年度の中退事由は「学校生活・学業不適応」の37.5％と「進路変更」の35.3％が顕著である。さらにその内訳を見ると，「もともと高校生活に熱意がない」「就職を希望」「別の高校への入学を希望」などの割合が高い。こうした結果は，先の筆者による調査と同様，進学先を決定する際に，将来のキャリアと結びつけて考えていない高校生の実態を示しているのではないだろうか。

　それではこうした問題に，どのような対処法が考えられるだろうか。ニート問題にさらされた英国では，1997年以降，内閣府に社会的排除ユニット（Social Exclusion Unit）を設立し，ニートをはじめとする社会的排除者への個別対策を進めている。各大学も，2006年からは授業料の卒業後払い制度や所得変動制，各大学独自の授業料設定など，学生の経済状況に柔軟に対処できるようなシステムを採用することになったという（潮木，2004）。

　日本でも，文部科学省，厚生労働省，経済産業省及び内閣府の関係4府省が2003年に関係4大臣による「若者自立・挑戦戦略会議」を発足させ，キャリア教育総合計画を立案した。これは，対症療法にとどまることなく，予防的・開発的な指導としてのキャリア教育に力点を置いた，画期的な総合計画である。若年失業者やフリーターの自立支援のための「フリーター再教育プラン」を打ち出す一方で，小学校段階からキ

ャリア教育を推進するための「新キャリア教育プラン」,大学・専門学校生対象のキャリア・アップのための「キャリア高度化プラン」など,児童の段階からさまざまなキャリア教育が計画されている。こうした計画と歩調を合わせるように,「若年就業対策としての『14歳の就業体験』支援」として,2005年度から小中学校で5日以上連続したインターンシップを取り入れていくなど,進路指導に関する新たな展開が見られている。

　ニートに代表されるような,深刻な社会問題への根本的対策ともなり得る,こうした予防的・開発的な指導方法を含む計画を,国が行政組織の枠を超えて,部門横断的に立案し,実行へと動き出したという事実を,大いに評価したい。今後もこうした動きは,ますます加速していくであろう。今回のキャリア教育への動きが,先進的な試みのプランに終わることなく,きちんと制度化されて,その結果,子どもたちが自らの進路についてきちんと考え,自主的に将来を選択,決定していけるようになることを望みたい。

　一方,教育の現場においても,こうした計画を具体的な教育実践に活かす必要がある。学校状況に応じたさまざまなリソース(地域資源,人的資源,その他さまざまな資源)を発見し,活用することで,創意工夫に満ちたキャリア教育活動を実践することができよう。学校が,教員が,そうしたユニークな試みをしてみせることで,子どもたちの創造性も刺激され,「生きる力」を強く育てることが可能になる。将来展望の欠如や社会への不適応という,現代的な問題を予防し,子どもたちの能力を開発するためには,産業界や地域社会との幅広い連携と,教員一人一人の努力とが,真に必要とされているのである。

★1　保険等数理業務の専門職。
★2　出版元の幻冬舎 石原氏は,メディアとのインタビューの中で,「200冊以上買われた学校もあります。全国で2500校が購入しています」と述

べ，この本が学校の進路指導に広く活用されていることをうかがわせている。(http://www.mu-ha.com/meza/normal_040206_04/)

◆文 献◆

Bordin, E.S. 1990 Psychodynamic model of career choice and satisfaction. In D. Brown, & L. Brooks (Ed.) Career choice and development. San Francisco: Jossey-Bass Publishers. Pp.102-144

榎本和生　2000　進路指導の歴史と発展　仙崎武・野々村新・渡辺三枝子・菊池武剋編　入門進路指導・相談　福村出版　Pp.22-38

藤本喜八　1987　進路指導の定義について　進路指導研究　8　Pp.37-39

藤田晃之　2001　進路指導の現代的意義　吉田辰雄編集代表　21世紀の進路指導事典　ブレーン出版　Pp.47-54

玄田有史・岡田大作　2004　若年就業対策としての「14歳の就業体験」支援　内閣府経済社会総合研究所

伊東孝郎　2000　一般学生が感じるセラピスト属性別心理療法別の受けてみたい度合―クライエントの感じる"相性"とは―　心理臨床学研究　18（5）　Pp.529-534

国立教育政策研究所　2003　平成15年度全国進路指導担当者研究協議会第1部会資料

小竹正美　進路指導の諸活動　1988　小竹正美・山口政志・吉田辰雄　進路指導の理論と実践　日本文化科学社　Pp.47-106

厚生労働省　2004　2004年版労働経済の分析（労働経済白書）

京都府総合教育センター　1999　豊かな心を基盤とした生きる力をはぐくむ学校教育に関する研究（第1集）

文部科学省　2004a　平成16年度版高等学校教育の改革に関する推進状況

文部科学省　2004b　平成16年度学校基本調査速報

文部科学省　2003・2004　生徒指導上の諸問題の現状について

村上龍　2003　13歳のハローワーク　幻冬舎

村上龍　2010a　新13歳のハローワーク　幻冬舎

村上龍　2010b　13歳の進路　幻冬舎

中野良顕　2001a　指示的・特性因子論的カウンセリング　吉田辰雄編集代

表　21世紀の進路指導事典　ブレーン出版　Pp.322-323
中野良顕　2001b　開発的（発達的）カウンセリング　吉田辰雄編集代表
　　　21世紀の進路指導事典　ブレーン出版　Pp.330-331
野淵龍雄　2001　職業的発達理論―ギンズバーグ，スーパー，クライツ―
　　　吉田辰雄編集代表 21世紀の進路指導事典　ブレーン出版　Pp.42-45
潮木守一　2004　世界の大学危機　中公新書
職業教育・進路指導研究会　1998　職業教育及び進路指導に関する基礎的研
　　　究（平成8・9年度文部省委託研究最終報告）
初等中等教育審議会　1999　初等中等教育と高等教育との接続の改善につい
　　　て
若松養亮　2000　進路指導における組織と体制　仙崎武・野々村新・渡辺三
　　　枝子・菊池武剋編 入門進路指導・相談　福村出版　Pp.65-79

第4章 教育相談

第1節 教育相談とは

1 はじめに

　生徒指導や進路指導に比べて，教育相談はその名前から実際の活動を想像しにくい。まずはこの言葉へのイメージを一度リセットし，これはつまり「教員が行う支援すべて」なのだと理解してもらいたい。教育相談は「教育」にも限定されないし，「相談」にも限定されない。他の活動とわかれて存在しているものではなく，むしろ他のあらゆる活動と重なりながら教育相談は実施されていく。教育相談をうまくやれている教員ほど，それを教育相談だと意識せずいろいろなことをやっている。ふり返ってみればあれは教育相談でもあったかなと思えるようなものが教育相談の現実である。

　教育相談の実態は，教員の「姿勢」と「具体的な活動」に分かれる。

本章では主に具体的な活動について説明をしていくが，どの活動も教育相談的な姿勢のもとに行わなければ，効果を発揮しない。逆にいえば，教育相談的な姿勢のもとで行えば，どんな活動も教育相談になる。「相手の力を信じ，十分に引き出し，問題解決の支援をしたい」という姿勢が教育相談の根幹にあることをまず述べておきたい。

2 「生徒指導提要」

2010年3月，文部科学省は教員向けの生徒指導の基本書を作成した。それが「生徒指導提要」であり，文部科学省のホームページから誰でもダウンロードできるようになっており，製本されたものが書店で販売もされている。約250ページからなる，まさに生徒指導のバイブルともいえる書である。1981年に文部省（当時）から「生徒指導の手引（改訂版）」が出されていたが，以降約30年間，新しいものはつくられないできた。この間，教育基本法，学校教育基本法の改正，新学習指導要領の告示，「生きる力」「確かな学力」を重視する教育改革が実施されてきており，現在の学校に合う生徒指導の指南書が必要になってきたためつくられたのが，生徒指導提要である。

生徒指導提要の作成には約90名の専門家，学校教員，文部科学省職員が関わっているが，座長を務めた森田（2010）は過去の手引きに比べ，新しい提要の特徴は「小学校段階からの生徒指導の充実」「子どもの個別の課題に目を配ること」「未然防止・全校体制での生徒指導」の3点だと述べている。提要は全8章からなるが，第5章を「教育相談」として約40ページが割り当てられている。本章ではこの提要第5章を要約し解説を加える形で，教育相談の最新知識を説明する。

中学校学習指導要領解説（特別活動編）によれば「教育相談は，一人一人の生徒の教育上の問題について，本人又はその親などに，その望ましい在り方を助言することである。その方法としては，1対1の相談活

動に限定することなく，すべての教師が生徒に接するあらゆる機会をとらえ，あらゆる教育活動の実践の中に生かし，教育的配慮をすることが大切である」とされている。教育相談は特定の教員だけが相談室だけで行うものではない。臨床心理学，発達心理学，認知心理学，学校心理学などの理論と実践も学び，児童生徒の発達に即した援助をすべての教員が行う。

3　学校における教育相談の利点と欠点

　生徒指導提要に示されている教育相談の利点と欠点をまとめると表4-1となる。
　どんなことにも利点と欠点はつきもので，それらは表裏一体ともいえる。利点を伸ばし欠点をなくそうとするばかりではなく，利点と欠点が逆転する可能性も考えてみると柔軟な対応ができるだろう（表4-2）。

■表4-1■　教育相談の利点と欠点

利点	欠点
・早期発見・早期対応が可能 教員は児童生徒と長時間生活を共にしているので，不適応のサインをとらえやすい。	・実施者と相談者が同じ場にいることのむずかしさ お互いの距離が近すぎて，逆に相談しづらくなってしまう。
・援助資源が豊富 校内にさまざまな立場の教職員がいるので，一人の教員が無理に対応する必要がない。	・担任の葛藤 とくに問題行動などに担任が対応する場合，指導もしたいがじっくり話も聴きたいという矛盾した役割に悩むことがある。
・連携が取りやすい 学内の教員と連携が取りやすいのはもちろん，外部の機関も「学校からの依頼なら」という信頼感があるので連携を取りやすい。	

■表 4-2■ 教育相談の利点と欠点の裏返し

利点の裏返し	欠点の裏返し
・早期発見・早期対応の焦り いろいろなことに早く気づくだけに，教員が過剰に反応して児童生徒の信頼を失ってしまう。	・実施者と相談者が同じ場にいることの利用 距離が近いからこそ知っていることが多いのも事実なので，情報をプラスに使うことも考える。
・援助資源が過剰 一人の児童生徒に関わる教職員が複数いるので，問題の責任が不明確になり，対応が後手に回ってしまう。あるいは，皆で対応しようといいながらも結局は暗黙の了解で担任に負担がかかっていく。	・担任の葛藤 相手や状況によって言動が変わってくるのは人間関係において避けられないことであり，むしろ担任のさまざまな面を児童生徒に見せることでお互い先入観をなくし，深い信頼関係を築けるチャンスにもなる。
・連携が失敗しやすい 外部の機関と意見が食い違うと，学校は学校の言い分を通そうとしがちで，結局児童生徒の不利益につながっていく。	

第2節　教育相談体制の構築

1　教育相談の体制づくり

　校内における教育相談体制は図 4-1 のようにまとめられる。まずは校長のリーダーシップのもと，全教職員が教育相談の前提と意義について共通認識をもつ必要がある。これはなるべく毎年度の初頭に，職員会議などで校長か教頭から説明をしたほうがよい。この手の話は理念的で抽象的な話になってしまいがちで，それでは意味がないので，なるべく現在その学校が抱えている具体的な問題を例に挙げながら話すことが重要である。教育相談の体制をしっかりとつくることで，結果的にそれらの

体制づくり

前提
・全教職員が全児童生徒に向き合う
・事務作業量を減らし多忙感の軽減
・校長のリーダーシップ
・教員一人一人の努力
・養護教諭やスクールカウンセラーのコンサルテーション的役割

意義
・家庭や地域の教育機能が低下している昨今、児童生徒の悩みは身体,性格,友人関係,学業成績,部活動,将来,家庭生活,ネットや携帯でのいじめやトラブルなど,多様化,深刻化しているが,これらに早期に対応できるようになる

組織づくり

編成	計画	研修	評価
各教職員の役割を明確化	全体計画と年間計画	大小さまざまな研修	計画がどのように実施されたか点検

■図4-1■ 教育相談の体制づくりと組織づくり

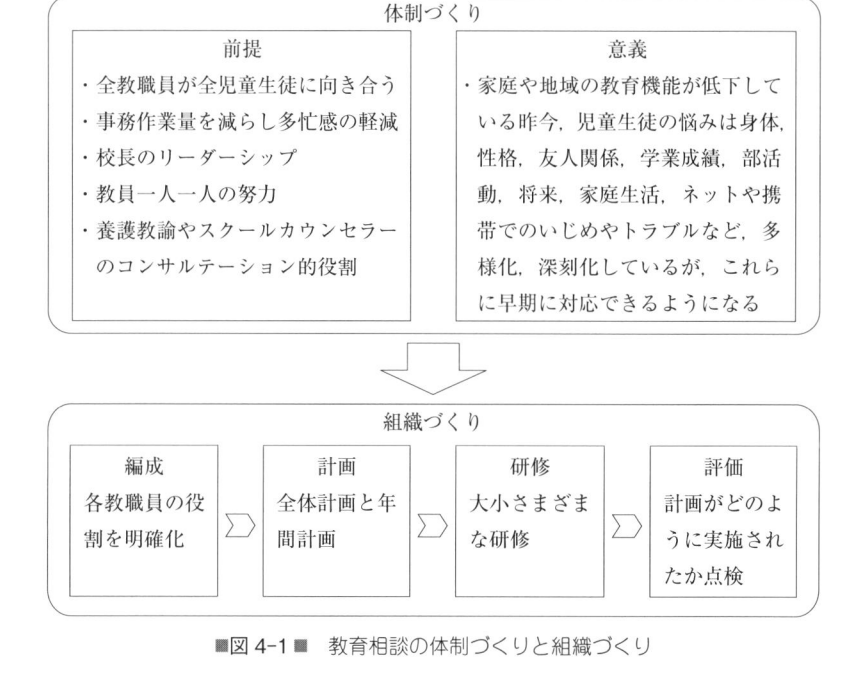

問題が解決に向かい,教職員一人一人の多忙感が軽減されるという実質的なメリットを訴えると体制づくりの重要性が実感される。不登校児童生徒が多い学校ならそのことについて,反社会的な児童生徒が多い学校ならそのことについて,あるいは昨年度大変だったエピソードを具体的に挙げるなどして,全教職員の注意を引きたい。

2 教育相談の組織づくり

全教職員が教育相談の重要性を認識したとしても,活動するための受け皿がなくては誰が何をしてよいのかわからなくなってしまう。実際にはそのようなことはないが,それに近いことは多くの学校で起きている。つまり,組織づくりが校務分掌表を配る程度ですまされてしまい,

表向きの役割分担はあっても現実には個々の教員がその場その場でばらばらに動いてしまい，チームワークが発揮されないという状況である。こういった状況を防ぐためにも，組織づくりは入念に行わねばならない。具体的には図4-1の通り「編成」→「計画」→「研修」→「評価」という流れを追う。

■編　成

「教育相談部」「教育相談係」「教育相談委員会」などを校務分掌の中に位置づけ，担当者および責任者を決め，役割と責任を明確にする。実際の配置の仕方はさまざまな形態をとる（図4-2～図4-5参照）。

責任者の選任はとくに重要で，教育相談の知識や経験が豊富であることは言うに及ばず，全教員の中でリーダーシップをとれる立場にいる者を慎重に選ぶ必要がある。養護教諭や特別支援教育コーディネーターが選ばれることもある。一般的に生徒指導主事（生活指導主任）は強めの指導ができる教員，教育相談係は柔らかい対応ができる教員が選ばれる

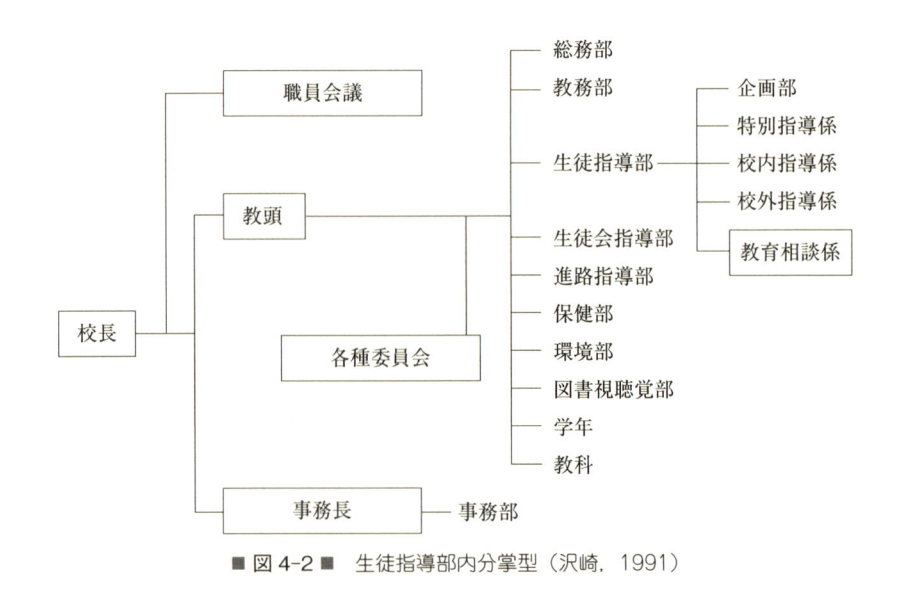

■ 図4-2 ■　生徒指導部内分掌型（沢崎，1991）

第4章 ◆ 教育相談

■ 図4-3 ■　教育相談部独立型（沢崎，1991）

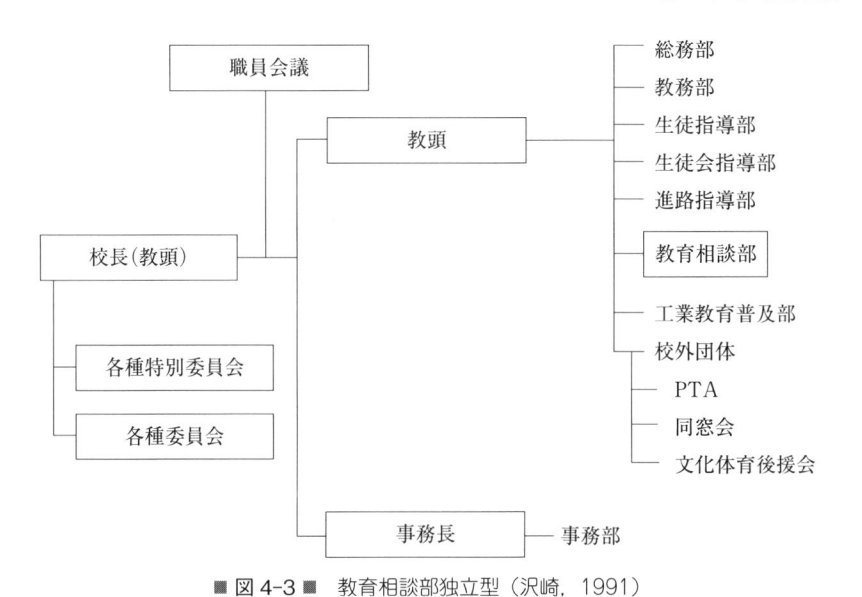

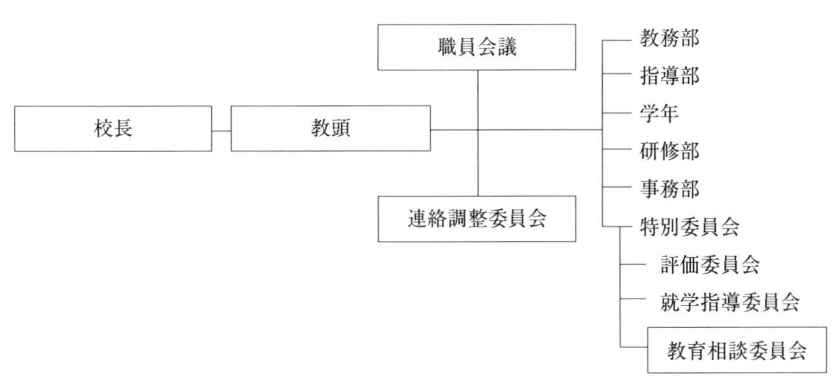

■ 図4-4 ■　教育相談委員会型（沢崎，1991）

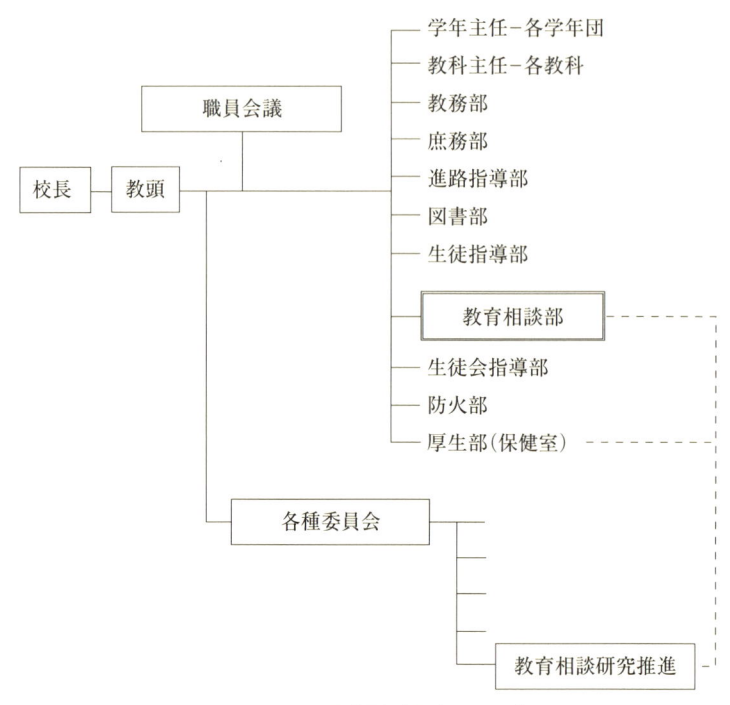

```
                            ┌─ 学年主任-各学年団
                            ├─ 教科主任-各教科
                 ┌─職員会議─┼─ 教務部
                 │          ├─ 庶務部
  ┌校長─教頭─┤          ├─ 進路指導部
  │              │          ├─ 図書部
  │              │          ├─ 生徒指導部
  │              │          ├─[教育相談部]- - - -┐
  │              │          ├─ 生徒会指導部       │
  │              │          ├─ 防火部             │
  │              │          └─ 厚生部(保健室)- - -│
  │              │                                │
  │              └─各種委員会─┬─                  │
  │                             ├─                  │
  │                             └─[教育相談研究推進]┘
```

■ 図4-5 ■　混合型（沢崎，1991）

傾向があるが，各学校が抱えている課題や，上記のようなリーダーシップを考え，イメージにとらわれず柔軟に選任するとよい。

■計 画
- 全体計画：目標，重点事項，組織及び運営，骨子を明示する。理念的な言葉が並ぶが，どこかには書かねばならないことである。
- 年間計画：実施計画，相談室の整備と運営，児童生徒理解の手立て（心理検査の実施等），教員研修，保護者や関係機関との連携などを，学期，月ごとに示す。
- 実施計画：上記年間計画を「誰が，いつ，どのように行うか」を具体的にわかりやすく示す。

これらは教育相談担当教員の指揮の下に進められるが，全教職員の理解を得るために各計画の意味を説明し，また活動ごとに誰が（スクールカウンセラー，担任，養護教諭など）中心になるのかを明確にし，計画について率直な意見交換ができるような「風通しのよさ」に気を配ることが教育相談担当教員の重要な努めとなる。計画は校内の状況に応じて臨機応変に変えていく一方で，当初の目標や重点事項がぶれないように，適宜軌道修正をしていく意志の強さも忘れてはならない。

相談室のレイアウトの例を図4-6に，中学校での年間計画の例を表4-3に，教育相談でよく用いる心理検査を表4-4に示す。

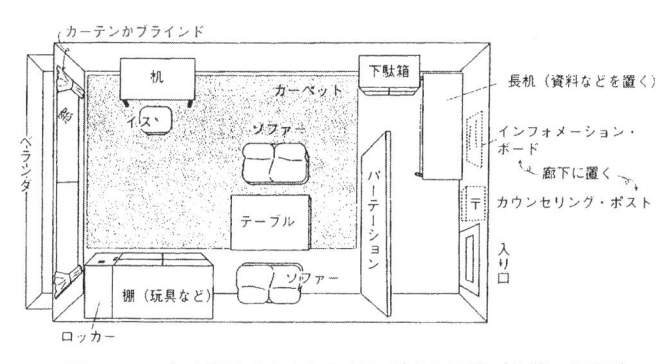

■ 図4-6 ■ ある学校のカウンセリング室の配置（佐藤，2003）

■研 修

知識や技能の獲得を目的とした研修は，不登校やいじめの対応技術向上のための研修，発達障害の知識獲得のための研修，心理検査結果の読み取り方を学ぶ研修など，特定のテーマに絞って行う。資料配付によって代替することも，ある程度は可能であるが，なるべく講習形式の研修にしたい。

演習は，特別活動で使える構成的グループエンカウンターやソーシャルスキルトレーニングなどを学ぶ場合に用いられる。スクールカウンセ

■ 表 4-3 ■　中学校での教育相談年度計画例

月	行事
4月	広報プリントの発行（児童生徒向け，保護者向け），各担任に広報依頼，スクリーニング実施，相談室の備品等見直し
5月	家庭訪問週間，校内研修会（スクリーニング結果，家庭訪問結果の報告），スクールカウンセラーと全教員との15分面談
6月	校内研修会（外部講師招聘），チーム援助会議，スクールカウンセラーによる講演（生徒に向けて）
7月	二者面談，事例研究会
8月	外部研修会参加（教育相談担当）
9月	夏期休業中の実態調査，呼び出し面接週間，校内研修会（呼び出し面接結果の報告）
10月	ピアカウンセリング研修（各委員長，部活キャプテン対象）
11月	三者面談，チーム援助会議
12月	校内研修会，進路指導・教育相談合同会議
1月	家庭訪問週間，校内研修会（家庭訪問結果の報告）
2月	二者面談，事例研究会
3月	一年間の教育相談活動の整理・評価，次年度の計画案作成，校内研修会（一年間の教育相談活動の報告と次年度計画）

ラーが実施したり，外部講師を呼んで実施することも多い。ここでどんなテーマを取り上げるかは，実際には教育相談係の個人的な得意分野，あるいは好み，知人関係に負うところが大きい。そういったことは個人がもっているリソースとして大いに活用していってほしい。

　事例検討会は，特定の児童生徒について，学級や学年で抱えすぎてしまわないように，教職員全員が参加して検討する，いわゆるケースカンファレンス形式の研修会である。司会者（多くの場合，教育相談担当教員）は検討会が問題の犯人探しではなく，明日から実施できる具体的な対応方法が一つでも多く提案される，建設的な検討会となるよう，充分に配慮する必要がある。

■ 表4-4 ■　教育相談でよく用いる心理検査

検査名	概要	実施の難易度
WISC-Ⅳ（ウィスク・フォース）	個別式の知能検査。特別な支援の必要性をアセスメントするために用いられる。IQ（知能指数）と4種類の指数が算出される。	さまざまな器具を複雑な手順で使うため、熟練を要する。実施時間も1時間～1.5時間と長い。
PARS（パーズ）	広汎性発達障害をアセスメントするための聞き取り式質問紙。原則として対象児童生徒の保護者に聞き取りを行う。	進め方自体は質問を繰り返していくだけなので単純だが、発達障害の見極めのために生育歴をさかのぼって尋ねる質問項目が続くため、子どもの障害をある程度受容している保護者が対象でない場合は、実施するか否か自体を慎重に判断しなければならない。実施する場合も、丁寧なインフォームドコンセントが必要。
hyper Q-U（よりよい学校生活と友達づくりのためのアンケート）	学級満足度とソーシャルスキル尺度が算出される。一般的に、学級の児童生徒全員に対して実施される。学級集団全体の傾向と、その中での各児童生徒の位置づけが視覚的に理解できる。	児童生徒が自分で回答する集団式質問紙検査として実施できるため、比較的容易。
緊急支援時に心理的・身体的反応を見るための検査	さまざまな形式のものが作成されている。緊急支援を要する事件・事故が発生した時に、児童生徒のストレス反応をアセスメントし、PTSDなどの予防、早期介入に利用する。	緊急支援の一環として実施されることがほとんど。各都道府県の臨床心理士会が緊急支援ガイドラインを作成し、その中に含まれていることが多い。スクールカウンセラーとの協働で実施することが基本となる。

■評　価

　年度末に、以下の観点から一年間の教育相談活動を評価する。

　・計画は重点目標と一致していたか。

　・研修会が役に立ったか、アンケートなどを通して確認したか。

- 児童生徒，保護者，教職員を対象とした広報活動が充分であったか。必要な資料が必要な相手に配られたか。
- 相談室の設備・備品は整備されていたか。相談の記録は適切に管理され，秘密が守られたか。
- 各校務分掌間の連携はなされていたか。
- 校外の機関と連携は充分にとれていたか。
- 緊急支援を要する事件・事故が発生した場合の体制は整備されていたか。実際に起きた場合は，心のケアが充分になされていたか。

なお現在の学校は業務評価が多く，教員の多忙感を強める大きな要因となっている。負担の少ない評価方法をとってほしい。

第3節　教育相談の進め方

1　教育相談の対象と場面

　繰り返すが，教育相談は全教職員が全児童生徒に，いつでもどこでも行うものである。実際の学校現場では，教育相談が得意な教員と不得意な教員に分かれ，また教育相談の対象になりやすい児童生徒と，在学中に一度も名前が挙がらない児童生徒に分かれると思われがちだが，これは教育相談を古い定義でとらえた場合のことである。今や教育相談は，じっくりと話を聴ける教員が，不登校などで悩んでいる児童生徒の対応をする，といったことにとどまらない。逆にすべての教員がすべての児童生徒の悩みをじっくり聴くということでもない。児童生徒の問題が多様になっている現在，教員が皆同じような教育相談活動をしていては対応が追いつかない。各教員の得意不得意をむしろ教員の多様性ととらえ，古典的な教育相談が苦手な教員は逆に何が得意なのかを考え，各自

の得意分野を生かした教育相談活動を考えることで，教育相談の網の目を細かくしていき，全児童生徒に対応できるようにしていきたい。

一方で，教員の役割によってどうしても活動内容は固定されていく部分もある。役割に応じて期待されている教育相談活動を表4-5に示す。表からも実際の活動量は極端に担任に偏っていくことがよくわかる。担任以外の教員は基本的に担任をサポートすることを目的に各自の活動をしていくと，バランスがとれる。次に役割ごとの活動内容を詳細に説明する。

■表4-5■ 教員の役割（職務）と教育相談活動の関係

担任	教育相談担当教員	養護教諭	管理職
○問題解決のための以下の活動 ・知識の蓄積 ・問題察知 ・実態把握 ・自主的な相談への対応 ・呼び出し面接 ・あらゆる場面での教育相談 ・定期教育相談 ○未然防止のための以下の活動 ・児童生徒の観察 ・保護者とのやりとり ○健康促進（開発）的教育相談 ○保護者対応	○担任のサポート ○校内への情報提供 ○校内外の連絡調整 ○危機介入のコーディネート ○研修の企画運営 ○調査の推進	○児童生徒の健康状態からの早期発見 ○担任への情報提供 ○医療機関等との連携 ○保健室から校内および家庭への情報発信	○教員の心理的サポートと助言指導 ○児童生徒理解と支援 ○保護者対応 ○地域への啓発

2 担任(学級担任・ホームルーム担任)の教育相談活動

担任はやはり児童生徒とのかかわりが最も多く、期待される教育相談活動も多い。大きく「問題解決」「未然防止」「教育相談の考えを取り入れた学級運営」「保護者対応」の4つとなる。以下に具体的なやり方を説明するが、すべてをやれる教員はいないだろう。教育相談活動にエネルギーを使いすぎて心身を疲弊させてしまう担任は非常に多い。担当している仕事をすべて普通にこなすだけで過剰労働になってしまうのが担任である。担当している児童生徒の特徴に合わせてめりはりをつけた教育相談活動を行い、自分でやりきれない部分は同僚に助けてもらうという考え方は重要である。

■問題解決
①子どもの心理と行動について知識をもっておく

教育相談上の主要な問題である「不登校」「いじめ」「発達障害」「精神障害」「児童虐待」については一通りの知識をもっておかねばならない。それぞれについて1冊ずつ、平易に説明する書籍を常に手元に持っておいた方がよいだろう。またその書籍は5年に一度ぐらいは新しい物と取り替える必要があるぐらい、これらの問題は日々変化していっている。一例として、近年の不登校の代表的な要因と対応(金丸, 2009)を表4-6に示す。

子どもの問題を理解するには、そもそも子どもはどのように発達し、どんなことで問題を起こしやすいのかという基礎知識が必要である。一例として、学校に対する子どもたちの不満の変化を表4-7に示す。

②日頃から児童生徒を観察しておく

早期発見、早期介入が問題解決には大事である。観察のポイントは「友人関係の変化」「成績の変化」「言動・態度・行動の急な変化」「身体に表れる変化」「作文や絵などの表現物」などである。

■表 4-6■ 不登校の代表的な要因と対応（金丸，2009）

要因			初期対応	長期対応
人間関係	級友	いじめ	加害者の特定，謝罪，再発防止	適度な家庭訪問と電話 外部機関（適応指導教室，病院等）との連携 スクールカウンセラーによる対応
		友人とのいさかい	当事者同士の話し合い，別の友人の仲立ち	
		部活内の問題	顧問による指導，部員同士の話し合い	
	教師	反抗心	反社会性に対する生徒指導	
		相性の悪さ	相性の良い教師の介入	
	保護者	分離不安	分離の練習，保護者への心理教育	
		保護者の学校嫌い	子どもへの関わりを重点化	
		虐待	児童相談所等との連携	
学習		学習の苦手さ	個別の学習計画，特別支援教育	
		怠学傾向	学習以外の魅力の模索	
発達障害		人間関係の問題	教師から全生徒への説明	
		学習の問題	個別の学習計画，特別支援教育	

■表 4-7■ 小学校 4 年生〜中学校 3 年生の学校生活に関する不満（内閣府，2001）

小学校 4〜6 年生		運動がにがて	勉強がよくわからない	きらいな先生がいる	成績がなかなか上がらない	とくにいやなことはない
	1996 年	13.7%	8.9%	7.6%	8.4%	61.0%
	2001 年	13.2%	12.5%	10.0%	8.9%	56.4%
中学生		成績がなかなか上がらない	きらいな先生がいる	勉強がよくわからない	学校の規則がきびしすぎる	とくにいやなことはない
	1996 年	22.8%	11.6%	13.3%	8.8%	49.6%
	2001 年	24.3%	16.8%	16.1%	11.1%	45.3%
15〜17 歳		学校の規則のこと	授業の内容ややり方・進め方のこと	先生のこと	自分の成績のこと	とくに不満はない
	1996 年	29.3%	15.3%	13.4%	17.9%	38.3%
	2001 年	28.0%	21.3%	21.1%	18.7%	34.8%

③アセスメント

　問題が表れてきたら，その原因を把握する必要がある。担任の判断で養護教諭，スクールカウンセラー，校外の専門家などさまざまな人にアセスメント（さまざまな情報を分析して問題の本質を査定すること）を依頼し，複数の可能性を考えるようにする。

④児童生徒の悩みを聴く

　内閣府（2007）の調査によれば，児童生徒が悩み事の相談相手として挙げた人物は，小中学生ともに「母」「同姓友人」「父」に次いで「学校の先生」が4位であった。児童生徒が勇気を出して担任に相談に来たときは，優しくかつ真剣に話を聴くことが第一である。丸山（2009）が示す，カウンセリングの技法をもとにした話の聴き方を紹介する（表4-8）。

⑤児童生徒を呼び出して話を聴く

　児童生徒が先生から呼び出されるときは，指導的な場面が多いし，児童生徒も身構えてやって来る。どんな問題が起きているかにもよるが，1回の面接で何もかも話そう，話させようとは思わない方がよい。2〜3回の面接に分けて，児童生徒が面接と面接の間に落ち着いて考える，あるいは誰かに相談をする時間を与えてあげるとよいだろう。

⑥あらゆる機会を教育相談に使う

　問題解決のために教育相談を行うと聞くと，現場をよくわかっている教員ほど「忙しくて時間がないのに，仕事が増える」というようにとらえがちである。日々の業務に追加して面接や家庭訪問などを行うならばその通りだが，日々の業務に教育相談を重ねることもできる。何らかの不適応を起こしている児童生徒に対して，日常のかかわりで問題解決に導いていくことは，教員にしかできない大事な仕事である。授業はもちろん，休み時間，給食中，廊下で，掃除の時に，下校時など，児童生徒と同じ場にいる時に，ちょっとした教員の一言，やわらかい表情で大きな安心感を与えることができる。単発の面接での一点突破的な解決もあ

■表4-8■ 聴くための技術（丸山，2009）

時間の確保	時間を確保しないとゆっくりと聞くことはできませんので，できる限り時間の確保に努める必要があります。
非言語的表現	目を見て聞く，ゆっくり相づちを打つなど，話を聞いていることを非言語的に表現する。
安定した声の高さ	先生は，時間に追われながら多くの生徒に関わらねばならないので，口調は早く勢いがあり，また声高になりがちです。そのため，逆に声のトーンを落として，普段より静かにゆっくり間をおいて話すだけで，とてもやわらかな空間を作り出せます。
感情面の繰り返し	状況を好転させようと解決指導的に聞く場合，つらい，いやだ，悲しい，ムカつくなどの言葉を聞くと，それらの負の感情を早くそらしてあげたいと思います。そのため，がんばっているところをほめてあげたり，周りの人も大変だけどがんばっているなどと言いたくなります。しかし，これは相談者を追い込むことになりかねません。まずは，つらいんだね，腹が立っているんだね，という負の感情面を繰り返してあげることで，その気持ちを受け止めてあげたいものです。
疑問を質問する	不安や混乱した状況の中で話をする場合，話が断片的になったり，前後関係がわからなかったり，登場人物が多くその関係も複雑だったりします。まずはよく聴くことを重視しますが，それでもわからないときには，どこまでわかって，どこからなぜわからなくなったのかを質問していかねばなりません。「ここまではわかったけど，どうしてそれがこのように展開してしまったの？」「今の話の流れでは，普通○○のように展開すると思うけど，どうしてこうなってしまったの？」という感じです。人間関係などは紙に書いて説明してもらうとよりわかりやすく，また，相手も話しやすくなるでしょう。
ストーリーをまとめる	悩んでいる人は，この悩みがどこから始まって，どのくらい続いて，どこに向かおうとしているのかという見通しがないまま，ただ単に不安と孤立無援感でいっぱいになり，良くない未来しか感じられないようになっています。そのため，話を要約してストーリーにして返してあげることも必要になります。「私はこのようなストーリーとして聞いたよ」とまとめると，相談者は状況を客観視しやすくなります。

るが，実はこういったじわじわと積み重ねていくかかわりの方が，児童生徒の奥底にある解決能力を引き出し，根本的な問題解決につながっていく。

⑦定期教育相談

年に1回,あるいは学期に1回程度の,全児童生徒との二者面談。担任と話さなくてはならない口実を与えてあげることがそのねらいである。こういったやり方をスクリーニングと呼ぶこともあり,問題の早期解決には非常に有効である。それにもかかわらず,実施している担任は少ない。保護者を交える三者面談は日程調整が大変だが,児童生徒との二者面談は学年計画に組み込んでしまえば思いの外簡単である。時期を決めて一気にやる方法もあれば,誕生日面接などと名前をつけて,誕生月に実施して担任の時間的負担を分散することもできる。

⑧守秘義務

児童生徒が先生に相談をしたがらないことの大きな理由が,話が漏れていくことである。大事な話を児童生徒にしてもらうとき,原則として「誰にも言わない」ことを約束すること。そして話の内容が他の教員や保護者と共有した方が児童生徒にとってもよいとき,つまり他の誰かに話した方が問題解決が早く進むと判断できたときは,児童生徒にそのことを正直に伝え,皆で話を共有することの大切さを一緒に考える。ほとんどの場合,児童生徒は話が広がることで自分が叱られるとか,誰かを心配させてしまうとか,誰かから「チクった」といじめられるとか,今より状況がひどくなることを不安に思っている。そういうことはないということを約束し,その約束を守るために情報共有の後は頻繁に本人の状況が悪くなってないか確認すること。また状況によっては,児童生徒には「誰にも言わない」と約束する一方で,最低限必要な範囲で,話された内容を共有していく集団守秘義務という考え方も重要である。

■問題の未然防止

すべての問題を防止することは必ずしもよいことではない。子どもというのは何らかの問題にぶつかり,解決しながら成長していくものである。しかし経験する必要のない問題は防止したい。

それには児童生徒に対しても保護者に対しても，日頃から「あなたのよいところ」を伝えておくことがとても大事である。単にほめる教育ということではなく，本人の力を認める教育である。たとえば交流分析（TA）にストロークという概念があるが，これは「人は他者から存在を認められることに飢えている」という仮説に基づいている。この飢えを満たす刺激をストロークと呼ぶが，肯定的なストロークのやりとりはお互いの自律性を高めていく（Stewart & Joines, 1987）。日頃から自分のよいところを認められることで，自分が健康にやりとりする力を信じられるようになる。たとえば同級生たちとけんかやいじめといった不健康なやりとりをすることで仲間関係を保つことよりも，楽しい会話や公正な競走などで仲間関係を保つことを選べるようになる。

■教育相談を新しい発想で学級運営に取り入れる

生徒指導提要には「育てる（発達促進的・開発的）教育相談という考え方」というタイトルでコラムが紹介されている。問題解決主体の古い教育相談と違った，心の成長を支えることを目指す新しい教育相談を説明するコラムで，ぜひ一読してほしい。ここでは同じ考えに基づき，より具体的に「担任は授業で何をすればいいのか」を解説する，東京都教育相談センター（2004）の資料を掲載する（表4-9）。こういった授業を日々行うことが，教育相談を取り入れた学級運営となっていく。

■保護者とのかかわり

近年の教育相談において，担任のみならずすべての教職員において重要なテーマとなっているのが保護者とのかかわりである。2000年頃から「モンスターペアレント」という言葉が教育現場で盛んに聞かれるようになったが，保護者をモンスター呼ばわりすること自体の弊害も議論され，近年はこういった悪いイメージを抱かせやすい言葉は使わずに，さまざまな保護者のさまざまな相談に学校がどう対応するか，実践例を

■表4-9■ 教育相談の姿勢を生かした授業の視点のリスト（東京都教育相談センター，2004）

展開	教師の言動	具体例
授業前	授業改善の意欲をもつ	○教材研究を十分にしている。 ○一人一人の子どもの声を授業改善に生かす。
	一人一人を思い浮かべて指導案をつくる	○個別の配慮を記した指導案を作成する。 ○一人一人の活躍する姿をイメージして。
開始時	一人一人を観察する	○子どもの小さな変化をとらえて声をかける。 ○一人一人と目を合わせながら，正確な名前を呼ぶ。 ○すべての子どもが見える位置に立つ。
	適切な授業開始の場をつくる	○快適な教室環境の整備をする。 ○始鈴と同時に子どもの気持ちの切り換えを促す。 ○落ち着いた雰囲気をつくる。
授業時	授業への興味・関心を高める	○子どもが注目しているかを確認する。 ○授業の雰囲気をつくる。 ○授業への動機付けをする。
	子どもに合った説明をする	○子どもが興味・関心のある事柄を取り上げて説明する。 ○一人一人の理解度を確認しながら話す。 ○声の大きさを工夫し，メリハリのある話し方を心がける。
	一人一人に応じた発問をする	○子どもの反応を取り上げた発問をする。 ○「開かれた質問」と「閉じられた質問」をおりまぜる。 ○誰もが考えられる発問をする。 ○配慮を要する子には，その子のそばに行って繰り返す。 ○発問の後十分考えられる間をとる。
	一人一人が生きる指名をする	○「分かる人」「できる人」より「やってくれる人」。 ○誰もが活躍できる工夫をする。 ○正確な名前で指名する。 ○個別指導をしたうえで指名する。 ○いつも発言する子がしないときは，注意深く見守る。
	子どもの発言を十分に聴く	○発言は最後まで熱心に聴く。 ○相づちを打つなど受容的な姿勢で聴く。 ○誤った答えを一方的に否定しない。 ○誤答や不適当な答えには， 　①再度質問したりヒントを与えるなどして丁寧に対応する。 　②みんなで考えるようにする。 　③表情と言葉を違えない。 ○発言の後すぐに，「○○なんだね」と教師の言葉でまとめない。
	子どもの発言をつなげる	○子ども同士の相互指名を取り入れる。 ○他の人の意見を聞いて，考えを深めさせる。

授業時	子どもの質問に正対する	○質問の内容を明確にする。 ○質問に込められた思いを明確にする。 ○その場で応じきれない質問は， 　「はぐらかさない。」「ごまかさない。」「一緒に調べる。」「調べる方法を示す。」「調べた後，答えることを約束する。」
	一人一人に応じた机間指導をする	○机間指導の計画を立てる。 ○子どもの気持ちに配慮して指導する。 ○安心できるかかわりをする。 ○励まし，達成感を持たせる。
	向上心を高めるために発言や作品をほめる	○よい発言や作品は，具体的に何がよいかをほめる。 ○一人一人のよいところを取り上げ，努力点や長所をほめる。
	子どもの立場に立った板書をする	○子どもの発言を生かして板書をする。 ○授業の展開が見える板書計画をたてる。
	心を込めて答案や作品を扱う	○答案の返却…公平に，秘密を守って。 ○作品の扱い…細心の注意を払って，大切に。 ○日記や教師宛手紙の公表は本人の承諾を得る。秘密は守る。
	子どもたちのために叱る	○叱るべきは叱る。 ○自分の非に気付かせる叱り方を。 ○罰を与えるのではなく，なぜ叱られたかを考えさせ責任をとらせる。 ○体罰は厳禁。
	学習の意欲を高める評価をする	○よくなった点を評価する。（個人内評価） ○個に即したメッセージを与える。 ○結果だけでなく過程を評価する。
終了時	子どもの視点で授業を振り返る	○学習した内容を自己評価させる。 ○子どもの視点を次の授業に生かす。 ○「よくやったね」と全体に話す。
	授業時間を厳守する	○終鈴を守る。 ○時間を守る大切さを教える。
授業後	個別のフォローをする	○分からなかった子や，作業が終わらなかった子に時間を与える。 ○授業後の質問に丁寧に答える。 ○放課後など，理解できていない子を個別指導する。
	次回に生きる指導記録の作成	○配慮を要する子の活動を記録する。 ○他の教師と情報交換し，次の授業に役立つ内容を書き留めておく。
授業形態	一人一人が達成感をもつ習熟度別授業を展開する	○一人一人に応じた指導をし，分かる喜びをもたせる。 ○子どもたちが，喜んで学べるコース設定を工夫する。 ○子どもや保護者に十分な説明を行う。
	充実感が得られる体験的な学習を展開する	○一人一人の子どもが，大人からほめられる（感謝される）場を設定する。 ○ねらいを明確にし，子どもの関心が高まる教材を工夫する。

積み上げて冷静に検討される時期に入ってきた。ここでも生徒指導提要に沿って保護者対応のポイントを解説する。

①なぜ保護者面接が必要なのか

教員は児童生徒の指導が仕事であって、保護者とのやりとりは付属的なものだと考える時代は終わった。児童生徒とのやりとりと同様に保護者とのやりとりは重要である。しかし主役はあくまで児童生徒であり、保護者対応にかける時間とエネルギーは少ないに越したことはない。それでも重要度が高いのは、保護者とよい関係ができていれば、児童生徒ともよい関係を保ちやすいからである。親が子どもに与える影響は想像以上に大きい。現代は「教師」のステータスは残念ながら高いものではなく、ただ先生だというだけで保護者から尊敬されることはほとんどない。学校自体の価値も昔ほどは高くない。給食費などの諸費を払わない、旅費の安い平日に子どもを休ませて家族旅行に行くといった大きなことがらから、虫歯治療の受診勧告を出しても子どもを歯医者に連れて行かない、保護者に渡っているはずの提出物が出されないといった小さなことがらまで、いわゆる「昔と違う」保護者の行動は年々増えている。

ここで「最近の親はなってない」という思いをもつと、学校が保護者も教育しなくてはという考えにつながる。そして家庭にしてみれば、決して尊敬しているわけではない学校教員から、親に対しても命令するようなことをいわれた、と受け取るような関係になってしまい、何もうまくいかなくなる。

「保護者指導」ではなく「保護者面接」が必要で、その目的は「学校と保護者が対等な関係でつながり、保護者が子どもを育てる力を学校がサポートすること」なのである。親を叱りつけてもだめ、親の顔色をうかがっていてもだめ、親とコラボレート（協働）することが児童生徒の幸福のために大事なのである。この保護者はどんな力をもっているだろうか、ということを常に考えてほしい。

②保護者面接を失敗させる要因
- 保護者のゆとりのなさ：夫婦関係や嫁姑関係などで余裕がなくなっていることもあれば，経済的な問題で余裕がないこともある。どの親もいつでも子どもを最優先にしていると思い込んではいけない。保護者が学校を攻撃してくるとき，困惑や悲しみ，寂しさなどが，ゆとりのなさによって怒りに変換させられている可能性を考える。
- 親行動の未発達：町全体，国全体の幸せよりも，自分の家庭の幸せが大事という考え方は，全体主義がもつ問題点を排除できた一方で，人々のつながりを希薄にしてしまったという欠点があることは否定できない。一世代上の親，同世代の他の親を見て親行動を学ぶ機会が減った結果，親機能が低下してしまっている（親として育つことができなかった）保護者も増えている。こういった親を単純に責めることはできず，社会の問題としてもとらえる必要がある。
- 価値観の多様さ：上記と同じ理由で，家庭ごとの優先事項は大いに異なる。義務教育である小中学校に登校することの価値が，さほど高くない家庭もある。その家の価値観をじっくり検討する。

③保護者面接の進め方

以下に，具体的なポイントを羅列するので，うまくいく保護者面接のコツを読み取ってほしい。「早く関係をもつ」「最初の連絡を丁寧に」「困っているのではなく心配していると伝える」「来校の労をねぎらう」「まずは保護者の話を聴く」「子どもの肯定的な面も伝える」「無口な親なら言いたいことを代弁する姿勢で」「短時間で終わらせる」などである。

3　教育相談担当教員の教育相談活動

教育相談担当教員（校務分掌上で教育相談の係・責任者となっている教員）の仕事は，最前線で児童生徒の話を直接聴くことよりも，後ろで学校全体をバックアップすることだといえる。六点に分けて具体的に説

明する。

■担任のサポート

　前節からもわかるとおり，担任の教育相談業務はとにかく多い。どんなに連携やチームワークの重要性をさけんでも，担任が児童生徒や保護者と関わる時間が大きく減ることはない。かといって悩んでいる担任に教育相談担当教員がアドバイスすることは，うまくいけばアドバイスになるが，下手をすると指導になってしまい，担任にとっては余計なプレッシャーが増える。悩んでいる担任と「一緒に考える」ことでサポートしたい。

■校内への教育相談に関する情報発信

　教育相談担当教員という立場を利用して，学年の枠を超えて全児童生徒の問題に関わり，情報を集めることができる。担任が収集しきれないちょっとした情報（家庭環境，昨年度の様子，他機関に関わっている場合そこでの情報）を手に入れ，担任や学年主任に伝える。

　また，家庭向けの「教育相談だより」を発行してスクールカウンセラーの紹介をしたり，職員室内で最新の教育相談資料を配付したりする。

■校内外で人と人をつなぐ

　教育相談上，大きな問題を持っている児童生徒は，複数の人間が関わっていることが多い。たとえば担任，学年主任，部活動顧問，養護教諭，スクールカウンセラー，管理職，校外の専門家（医師，臨床心理士，児童相談所職員，警察官など）の間で窓口となって，情報を一元化する。それにより担任の負担を減らす。

■緊急支援のコーディネート

　現代は，子どもが巻き込まれる事故や事件が起きたときに，学校が積

極的に関わって児童生徒や保護者，教職員の心のケアを進めることが期待されている。教育委員会や都道府県の臨床心理士会などが緊急支援のためのガイドラインを作成していることが多いので，何かあってからではなく，教育相談担当になったときにはすぐに，そういったものがないか探しておく。

■教育相談に関する校内研修の企画運営
　教職員全員が参加する研修や，学年別に行う研修を企画することに加え，何か問題が起きたときにすぐに関連する教員数名を集め，短時間でもよいので事例検討会を開くことも大事である。

■教育相談に関する調査の推進
　代表的なものは「いじめについてのアンケート」である。これは何か起きてから実施するのではどうしても後手に回ってしまうので，定期的に実施しておく方がよい。それは単なる調査に留まらず，学校がいじめを許さない姿勢をもっていることを児童生徒や保護者に伝えることにもなる。

4　養護教諭の教育相談活動

　長く養護教諭の専門性について研究をしてきた大谷（2008）は，養護教諭の専門性はまさに「養護」であり，児童生徒の「心に火をつける」ことだと述べている。すべての教職員が教育相談に関わることが強調される今の時代に，これまで教育相談活動の中心であった養護教諭がさらに専門性を活かしていき，他の教職員との違いを際だたせるためには，この「養護」と「心に火をつける」というフレーズが非常に参考になる。
　養護教諭ならではの教育相談活動の利点は，保健室を中心とした児童生徒との個別のかかわりによる問題の早期発見ができることと，学年の

枠を超えて自由にさまざまな連携が取れることにある。また地域や家庭からも養護教諭は学校の保健活動の窓口と広く認識されているので，とくに医療機関との連携や，「保健だより」を通しての家庭への啓蒙は得意とするところである。指導よりも養護が業務の中心である養護教諭がこういった活動をすることは，児童生徒や保護者が心身の健康のために自分で何かをしようという動機づけを高める，火をつけることにつながっていく。この養護教諭の専門性が十分に活かされると，教育相談活動は多面的になり，心身の健康という重要な目的が達成されやすくなる。なおいうまでもないことだが，養護教諭は教員免許をもっており，学校保健のための「授業」をできることも大きな特徴である。養護教諭が定期的に授業をもつことは，心身の問題の予防に大きく貢献する。

5　管理職の教育相談活動

これまで述べてきたことからわかるとおり，校長や教頭といった管理職も，今や昔のような「先生様」ではまったくなく，校内外での実務が大変多く，また以前に比べて児童生徒や保護者と直接関わる機会もとても増えている。むずかしい学校ほど管理職が忙しいというイメージをもたれることが多いが，これもやはり，管理職についての古いイメージを維持しようとするところから生まれる誤解であろう。管理職が校内外で活発に動くことは，教育相談的な問題の未然防止，早期発見，早期解決につながることをよく理解しておいてほしい。教育相談における管理職の役割は以下の四点である。

■教員のサポート
　一般教員のストレスは管理職の動き方によって大きく変わってくる。極端な例を挙げると，管理職の言動が一般教員のうつ病を予防することもあれば，逆にうつ病を発症させやすくしてしまうこともある。先述し

た肯定的なストロークを心がけ，教員のよいところを探し，指摘しながらサポートしていくことが重要である。

■管理職ならではの児童生徒の支援
　時代が変わろうとも，児童生徒にとって校長先生や教頭先生が特別な存在であることには変わりない。「校長室に入っちゃった」「教頭先生と話せた」「校長先生の肩を揉んだんだよ」「教頭先生になら言える」「校長先生が自分のことを心配してくれた」といったセリフに表れているように，児童生徒が校長や教頭のことを話すときは，自分が特別扱いをされたような，恥ずかしいけれどうれしいような気持ちをもっていることが多い。おもしろいことに，これは非社会的な児童生徒から反社会的な児童生徒まで共通していることである。担任や部活動顧問などとうまくいっていない児童生徒ほど，管理職の直接対応は効果を上げやすい。

■保護者対応
　今や管理職の重要な業務となっている。とくに担任と保護者がうまくいっていないときに，管理職が間に入る意味は大きいが，担任か保護者のどちらかの肩を持つような発言は控え，中立で冷静で，温和な介入をしなければならない。管理職が保護者に会うのは余程のときだという古い感覚は捨てなければならないが，積極的すぎる介入もバランスを欠く。

■地域への啓発
　校長室だよりなどをとおして地域に学校の教育相談体制を知らせていく。学校がホームページをもち，校長がブログを書いている学校も増えている。

第4節　スクールカウンセラー，専門機関等との連携

1　連携とは1＋1を3以上にすること

　学校では連携が必要だということはあらゆる場面で強調されており，これを否定する教員はもはやいないであろう。しかし実は教員は連携が苦手である。連携について失敗体験をもっている教員は多く，その内容はほとんどの場合，普段やりとりをしない誰かに協力を求めたら，仕事が増えて余計大変になった，というものである。

　連携は1－1＝0ではない。つまり自分の仕事を誰かに引き受けてもらって，楽になることではない。また1＋1＝2でもない。つまり単純に自分の働きと誰かの働きを足すだけでもない。誰かとコラボレート（協働）することで，それぞれが個別に動いているだけでは上げられない効果を上げること。それが連携の本質である。具体的な例に当てはめると，担任をしているクラスに不登校の生徒がいたときに，スクールカウンセラーに家庭訪問を任せて担任の心配が減ることではなく，担任の電話連絡とスクールカウンセラーの家庭訪問で登校復帰ができたというだけでもない。担任の電話連絡とスクールカウンセラーの家庭訪問で登校復帰につながり，担任とスクールカウンセラーがそれぞれ生徒の違う面を見て，話を聴くことで，生徒が困難を乗り越えて一回り大きく成長することを目指す，そういった活動が連携である。

2　スクールカウンセラーとの連携

　教員の連携相手として，とくに中学校では最も頻度が高いのがスクールカウンセラーだろう。スクールカウンセラーの役割は大きく分けて「児童生徒と保護者の援助」「教員の援助」「外部機関との連携」の3つ

である。どれも教員が行っていることと同じだが，スクールカウンセラーがこれらを行う場合，それぞれ専門性が一段深くなる。

　児童生徒と保護者の援助では，心理療法や心理アセスメントの技術を用いて，幅広く，深く，問題解決を援助ができる。教員の援助ではコンサルテーションの技術を用いて，お互いの専門性を重視しながら，教育とは異なる視点から助言ができる。外部機関との連携では，学校近辺の外部機関に勤める専門家を具体的に知っていたり，あるいはスクールカウンセラー自身がそこでも勤務していたりすることもあって，より的を絞ったつなぎ役になれる。あるいは専門家同士でやりとりをし，その内容を教育現場に合わせて教員に伝えることもできる。

　これらが一般的なスクールカウンセラーの役割と専門性だが，スクールカウンセラーの配置校が年々増えるにともない，スクールカウンセラーの個別性，これまでに受けてきたトレーニングの違いも多様性が出てきて，上記の役割の中でもスクールカウンセラーの得意不得意があるのも事実である。教育相談担当教員は自校に配置されているスクールカウンセラーの個性を早めにつかみ，とくにどういった連携が効果を生みやすいかを明確にする必要がある。この作業を怠ると，スクールカウンセラーの配置が活かされなかったり，むしろ逆効果になってしまうこともあるので注意が必要である。

3　スクールソーシャルワーカーとの連携

　2008年度に文部科学省によるモデル事業として「スクールソーシャルワーカー活用事業」が開始され，2009年度からは補助事業として継続が自治体に委ねられることとなった。まだ始まったばかりの事業であり，自治体によってスクールソーシャルワーカーの役割は大きく異なっているが，学校に入る他職種の専門家として，今後連携の仕方が注目されている。今のところ，児童虐待や貧困といった社会福祉的な問題に関

わるパターンや，不登校などの一般的な教育相談の問題に関わるパターンがある。

4　専門機関との連携

　学校が関わる専門機関は非常に多いが，どの学校もそのすべてと恒常的に関わっているわけではない。学校の地域性によってとくに連携が多くなる機関は異なるが，生徒指導提要から専門機関一覧表を引用することでその概要を示す（表4-10）。

■表4-10■　専門機関のスタッフと内容（文部科学省，2010）

専門機関名	主なスタッフ	内容
教育委員会	指導主事，職員，臨床心理士，社会福祉士，精神保健福祉士	教育課程，学習指導，生徒指導に関する相談・指導・助言，法的な助言
教育相談センター 教育相談所 教育研究所 教育相談機関	相談員，臨床心理士，医師，社会福祉士，精神保健福祉士	性格，行動，心身障害，学校生活，家庭生活等の教育に関する相談
教育支援センター（適応指導教室）	指導員，相談員，臨床心理士，社会福祉士，精神保健福祉士	不登校児童生徒の学校復帰への支援
発達障害者支援センター	相談員，指導員	発達障害に関する相談・生活支援
特別支援学校（センター的機能）	教員	障害全般に関する相談・学校支援
市町村	社会福祉主事，母子相談員，家庭相談員，臨床心理士，保育士	児童福祉法に基づき，児童等の福祉に関し，情報提供，相談対応，調査，指導を行う第一義的な窓口である。児童相談所とともに，児童虐待の通告先となっている。
学校医を含む病院等の医療機関	医師，歯科医師，看護師	心身の疾病に関する相談・診断・予防・治療

保健所 保健センター 保健福祉センター	医師，保健師，看護師，精神保健福祉士，臨床心理士，相談員	地域保健法に基づき，各都道府県・指定都市・中核市に設置。主な業務は，栄養の改善及び食品衛生に関する事項，医事及び薬事に関する事項，保健師に関する事項，母性及び乳幼児並びに老人の保健に関する事項，歯科保健に関する事項，精神保健に関する事項，エイズ，結核，性病，感染症その他の疾病の予防に関する事項，その他地域住民の健康の保持及び増進に関する事項等
精神科クリニック	医師，看護師，精神保健福祉士，臨床心理士	神経症や精神的疾患に関する相談・予防・治療
総合病院の精神科	医師，看護師，精神保健福祉士，臨床心理士	身体的な症状も含めての神経症や精神的疾患に関する相談・予防・治療
精神科病院	医師，看護師，精神保健福祉士，臨床心理士	入院等も含めての精神的疾患に関する相談・予防・治療
精神保健福祉センター	精神科医，臨床心理技術者，精神科ソーシャルワーカー，保健師	精神保健福祉法に基づき，各都道府県・指定都市に設置。主な業務は，精神保健に関する相談，人材育成，普及啓発，調査研究，精神医療審査会の審査に関する事務等
児童相談所	医師，児童福祉司，児童心理司，児童指導員	児童福祉法に基づき，各都道府県・指定都市等に設置。18歳未満の子どもに関する様々な相談（養護相談，育成相談，非行相談，障害相談等）に対応。都道府県によっては，その規模などに応じ複数の児童相談所及びその支所を設置。主な業務は，児童福祉司や児童心理司が保護者や関係者から子どもに関する相談に応じ，子どもや家庭について必要な心理判定や調査を実施し指導を行う。行動観察や緊急保護のために一時保護の制度もある。
児童自立支援施設	児童自立支援専門員，児童生活支援員，心理療法担当職員，家庭支援専門相談員	不良行為を行ったりそのおそれがあり，また生活指導の必要な児童に対し，入所や通所させて，個々の状況に応じた自立支援を行う施設
児童養護施設	児童指導員，保育士，心理療法担当職員，家庭支援専門相談員	保護者のいない児童，虐待されている児童その他環境上養護を要する児童を対象とした入所施設
情緒障害児短期治療施設	医師，心理療法担当職員，児童指導員，保育士	軽度の情緒障害を有する児童の治療を行う入所及び通所治療施設

児童家庭支援センター	相談員，心理療法担当職員	地域の子ども家庭の福祉に関する相談機関
福祉事務所	社会福祉主事，相談員	生活保護や子ども家庭等の福祉に関する相談，保護実施の機関
民生委員・児童委員，主任児童委員	民生委員・児童委員，主任児童委員	厚生労働大臣の委嘱を受け地域住民の保護，保健・福祉に関する援助・指導などを行う。児童虐待の通告の仲介も行う。
警察	警察官，相談員，少年補導職員	非行少年の補導・保護・検挙・捜査・少年相談の受理を行う。
少年サポートセンター	少年補導職員，警察官，相談員	警察の設置するセンターであり，子どもの非行，問題行動，しつけ，犯罪被害に関する相談を行う。
家庭裁判所	裁判官，家裁調査官，書記官	非行少年についての調査，審判を行うほか，親権や養育等の親子親族に関する家事調停や審判も行う。
少年鑑別所	法務教官，法務技官	法務省の施設であり，観護措置決定を受けた少年の収容，資質鑑別を行う。
保護観察所	保護観察官，保護司	法務省の機関であり，保護観察処分を受けた少年，少年院を仮退院した少年等に対し，社会内で指導・助言を行う。
少年院	法務教官	法務省の施設であり，少年院送致となった少年を収容し，矯正教育を実施
大学などの相談室	医師，臨床心理士，相談員	家庭，教育や心理に関する相談
電話相談	ボランティア相談員	電話での相談，自殺予防の相談

第5節　教育相談の限界

　この節は生徒指導提要にあるものではない。筆者が独自の見解として，教育相談の限界を五点述べるものである。

■教員であること
　教員はあくまでも教員であり，最終的に児童生徒を評価しなくてはな

らない。これが児童生徒や保護者の相談相手になるためのハードルをあまりにも高くしてしまっている。同窓会で昔の教え子にあった時に，思いも寄らない本音を告白されたという経験を持つ教員は少なくない。これは児童生徒が大人になったからというだけではなく，彼ら彼女らにとってもはや「先生」ではなくなったということにも起因している。もう何を言っても平気という安心感がある。裏を返せば先生にはやはり言えることと言えないことがあるのである。

■教育相談の知識

　教員養成は教科指導中心にカリキュラムが組まれているのが現状である。教育実習の中にも教育相談は含まれていない。また教員になってからの研修も教育相談関連はほとんどが希望研修であり，教員によって研修経験にばらつきがある。また研修内容も自治体によって大きく異なり，初級，中級，上級と系統的にプログラムが組まれているところから，テーマ別の設定でつまみ食い的な研修になりがちなところまでさまざまである。大学院への内地留学，派遣制度や教育研究所，研修センターの研究生制度も決して門戸が広いとは言えない。すべての教員が体系立った教育相談の知識をもつというのはなかなかむずかしい。

■教育相談体制の問題

　校務分掌において教育相談は生徒指導の一部として配置されていることが多く，どうしても教育相談において重要な「待つ姿勢」を取りにくい雰囲気がある。小学校においては教育相談自体が分掌に配置されていないこともあり，生徒（児童）指導主事，学年主任，養護教諭，あるいは特別支援学級担当教員が何となく教育相談を担当していることもある。また，教育相談担当，生徒指導主事，教務主任等の役が管理職になるための前提となりやすく，教員が歩む階段の一つとして位置づけられがちなために担当の交代も早い。そしてその度に方針が変わって校内に

教育相談活動が根づきにくいという現実もある。

■学校の閉鎖性
　「開かれた学校」という言葉だけは広まってきたが，わざわざそのような言葉が声高に叫ばれなければならないことからも分かるとおり，学校は本質的に閉鎖的である。その弊害の一つが学校の問題を何としても校内で教員によって解決しようとすることであり，その結果，教育相談活動において学校外の機関と連携するという意識がなかなか育たなかった。今になって連携が重視されるのはこういった弊害をなくすためだが，教員は一般的な会社組織とは違う風土で仕事をしており，他職種とのコミュニケーションがすごくうまいということもない。また，小中高校間でのやりとりも少なく，ややもすれば児童生徒の問題の責任を転嫁し合うこともある。

■集団教育
　学校はどうしても全児童生徒に等しく教育し，一斉授業によって足並みを揃えることが求められるため，逆に個々の児童生徒を細かく見て，その個人差，多様性に着目するという視点がとりにくい。個に応じた教育という言葉はあるが，指導要領がなくなることもない。問題解決的教育相談の対象になる児童生徒の多くがこういった集団教育からこぼれてしまって，息継ぎをしている子どもたちである。そういった子どもたちを集団に戻そうとするのではなく，息が整うまで待って個別にゆっくり向き合う時間的余裕が学校にはない。そのため，教員が個々の児童生徒に時間を割いて対応するのにはやはり限界がある。学級定員数の根本的な見直しが求められるところである。

　こういった限界を今すぐに無理に克服しようとする必要はない。そうすればまた別の問題が生まれてしまうだろう。むしろこのような限界を

よく理解して，次善の策をとれるように準備しておくことが大事である。教育相談の理想と現実をよく理解し，教員自身がバーンアウトしてしまうことのないよう，今より少し上の理想を求める教育相談活動を進め続けてほしい。

◆文 献◆

金丸隆太　2009　学校を休む子たちへの支援とは？　丸山広人・勝二博亮・大谷忠・新井英靖・金丸隆太編　「子どものことがよくわからない」と悩む先生へのアドバイス　明治図書出版　Pp.122-129

丸山広人　2009　子どもと向き合う教師の心構え　丸山広人・勝二博亮・大谷忠・新井英靖・金丸隆太編　「子どものことがよくわからない」と悩む先生へのアドバイス　明治図書出版　Pp.30-35

文部科学省　2010　生徒指導提要

文部省　1981　生徒指導の手引（改訂版）

森田洋司　2010　「生徒指導提要」を読み解く──概要と特徴──　教職課程　Vol.37, No.1　Pp.8-11

大谷尚子　2008　養護教諭のための養護学・序説　ジャパンマシニスト

内閣府政策統括官　2001　第2回青少年の生活と意識に関する基本調査

内閣府政策統括官　2007　低年齢少年の生活と意識に関する調査

佐藤宏平　2003　相談室の経営　若島孔文編　学校臨床ヒント集　金剛出版　p.41

沢崎達夫　1991　教育相談を進める　高野清純監修　図でよむ心理学生徒指導・教育相談　福村出版　pp.28-29

Stewart, I., & Joines, V. 1987 TA today: a new introduction to transactional analysis. Nottingham, Chapel Hill: Lifespace Publishing.　深沢道子監訳　1991　TA TODAY ──最新・交流分析入門──　実務教育出版

東京都教育相談センター　2004　学校教育相談推進資料・子どもの心が開くとき子どもと心が通うとき

索引

■あ行

アセスメント　102

生きる力　88
いじめ　100
入口指導　61

うつ病　112

援助資源　89，90

■か行

開発的　13
　——カウンセリング　52
カウンセリング　102
学校間の連携　37
学校教育基本法　88
学校心理学　89
家庭との連携　33
家庭訪問　35
観察法　16
管理職　112

キャリア教育　49
教育課程　1
教育基本法　88
教育相談だより　110
教育相談担当教員　109
緊急支援　97，110，111

啓発的経験　58

検査法　17

構成的グループエンカウンター　95
行動療法モデル　75
行動連携　37
広汎性発達障害　97
交流分析　105
コーディネーター　38
個別性　6
コラボレート　114
コンサルテーション　115

■さ行

サポートチーム　38

自我同一性（Identity）　52
自己実現　4
自己指導能力　3
自己受容　10
自主性　9
質問紙法　17
児童虐待　100
指導と助言　24
児童生徒理解　4，14
自発性　8
自分探し　56
社会的排除ユニット　83
若年無業者　82
就業体験／インターンシップ　82
『13歳のハローワーク』　80
集団指導　11

守秘義務　　104
職業指導　　48
自律性　　9, 105
事例検討会　　96
新学習指導要領　　88
進路学習　　72
進路指導計画　　68
進路指導担当部門　　64
進路情報　　57
進路相談　　73

スクールカウンセラー　　95, 114
スクリーニング　　104
ストローク　　105

精神障害　　100
生徒指導主事　　22, 92
生徒指導資料第20集　　20
生徒指導提要　　20, 88
生徒指導の手引　　2, 20, 88
生徒指導部　　22
専門機関との連携　　37, 116

早期対応　　89, 90
早期発見　　43, 89, 90
ソーシャルスキルトレーニング　　95

■た行
確かな学力　　88

地域との連携　　36
地域ネットワークづくり　　39
知能検査　　97
治療的　　13

追指導　　62

出口指導　　61

統合性　　7
特性因子モデル　　75
特別支援教育コーディネーター　　92

■な行
ニート　　82
二者面談　　104
日本キャリア教育学会　　49
人間観　　6
認知心理学　　89

■は行
発達援助　　6
発達障害　　100
発達心理学　　89
発達モデル　　75
反社会的行動　　42

PTSD　　97
非社会的行動　　42

不登校　　100

保健室　　111
保護者面接　　108

■ま行
面接法　　17

問題行動　　41

■や行
養護教諭　　92, 95, 111
予防的　　12

■ら行

臨床心理学　89
臨床心理士会　97, 111

ロジャース（Rogers, C.R.）　75

■わ行

若者自立・挑戦戦略会議　83

■編者紹介

鈴木康明(すずき・やすあき)
1956 年　横浜に生まれる
1978 年　早稲田大学教育学部教育学科教育学専修卒業
1991 年　筑波大学大学院教育研究科カウンセリング専攻修了(教育学修士)
神奈川県立高校教諭，東京外国語大学助教授，国士舘大学教授を経て，
現在，東京福祉大学心理学部教授
主著　『生と死から学ぶ―デス・スタディーズ入門―』北大路書房　1999 年
　　　『生と死から学ぶいのちの教育』(編著)　至文堂　2000 年
　　　『星と波テスト入門』(共著)　川島書店　2000 年
　　　『いのちの本』(監修)　学研　2001 年
　　　『現代教育の原理と方法』(分担)　勁草書房　2004 年　　　　　ほか

■執筆者一覧 （執筆順）

鈴木康明（東京福祉大学心理学部教授）　　　　　編集・第1章

田中將之（尚絅大学生活科学部教授）　　　　　　第2章

伊東孝郎（白鷗大学教育学部教授）　　　　　　　第3章

金丸隆太（茨城大学大学院教育学研究科准教授）　第4章

生徒指導・進路指導・教育相談テキスト

2005年4月2日	初版第1刷発行
2008年4月20日	初版第4刷発行
2011年3月20日	再版第1刷発行
2021年3月20日	再版第4刷発行

＊定価はカバーに表示してあります。

編　者　　鈴　木　康　明
発行所　　（株）北大路書房

〒603-8303 京都市北区紫野十二坊町12-8
　　　　電　話　（075）431-0361（代）
　　　　ＦＡＸ　（075）431-9393
　　　　振　替　01050-4-2083

©2005, 2011　　　　　　　　印刷・製本：(株)太洋社
検印省略　落丁・乱丁本はお取り替えいたします
　　ISBN 978-4-7628-2433-3　　Printed in Japan

・ JCOPY 〈(社)出版者著作権管理機構 委託出版物〉
本書の無断複写は著作権法上での例外を除き禁じられています。
複写される場合は，そのつど事前に，(社)出版者著作権管理機構
(電話 03-5244-5088,FAX 03-5244-5089,e-mail: info@jcopy.or.jp)
の許諾を得てください。